ガンが消えた！ 細胞が甦った！

奇跡の治癒

仙骨良法《MRT》と
人類を救う水「アミンウォーター」

内海康満

徳間書店

目次

はじめに

第一章　すべてのカギは〝仙骨の波動〟にあり！

第二章　生命活動に欠かせない強力な助っ人「酵素」

第三章　「水素」の驚異的な智空《ちから》！

仙骨良法の促進要素②

第四章

仙骨良法の促進要素③
人類の未来を担う「アミン」の登場！

おわりに

デザイン　鈴木俊文
（ムシカゴグラフィックス）
イラスト　末続あけみ

はじめに

◎わずか一秒で完了する奇跡の仙骨良法*
――それは一つの「啓示*」から始まった！

今から約四〇年前のことです。ある日突然、私は衝撃的な啓示を受けたのです。

それは天啓とも呼べるものであり、物質世界をはるかに超えた高次元の世界から真理が降ろされた瞬間でもありました。

インスピレーションとして受けたその内容をあえて言葉に表すと、

「……仙骨を調整して波動を高めよ。それを一秒で終わらせること。あとはこちらでやるから」という啓示でした。

そのとき私は、体の中真*にある「仙骨」に生命の根源的なものが収まっていることを直感し、それと同時に、人間の肉体的な問題や精神的な問題のすべては仙骨のズレ（変位）として顕《あらわ》れていることを理解したのです。

仙骨良法は、仙骨が本来の姿を取り戻すように調整します。

仙骨の調整は紙一枚の厚さにも満たないわずかなものですが、その極小の調整が体に大きく作用することがわかっているのです。

啓示を受けて仙骨の重要性と偉大な働きを識《し》った私は、啓示の内容を現実化するために、早速オフィスを用意して、「仙骨一カ所・瞬間（一秒）・無痛」という、世界でも類を見ない治良法「MRT《マート》*ペインレスメソッド」を世に顕《あらわ》しました。

医師会に勤務していた友人が、「無謀だ！　やめておけ！」と言いましたが、自分自身が、「絶対・完璧・完全」なる存在（それを「神*」と表現することができます）に支えられていると感じていたので、私には絶対的な確信があったのです。そして実際に、MRTはそれから約四〇年間経った今も揺るぎなく淡々と続いています。

*良法——仙骨良法は従来の医学的観点とは全く違う次元で病気を捉えていることから、「療法」「治療」という一般的な言葉ではなく、「良法」「治良」という言葉を使っています。

*啓示——啓示は真理であり、絶対的なものです。単なるインスピレーションとは全く次元の異なるものなのです。

*中真——物質に中心があるように、精神や目に見えない物事にも中心があります。その核となる一点を「真なる中（真実の的）」と捉えて「中真」と顕しています。

＊ＭＲＴ――「Magnetic Reading Technique」の略で、微弱な磁気を利用して骨盤の中央にある仙骨のわずかな変位（ズレ）を読み取り、仙骨のみを調整する〝瞬間・無痛・無接触〟の治良法です。
＊神――「神」ではなく正字の「神」としたのは、この漢字を構成している「申」と「示」という部分が「神」の特性をよく顕しているからです。すなわち、大宇宙の根本に在る「神」は、様々な現象を通して我々に「申し示す」存在であるということです。

◎ＭＲＴの治良が本物であると悟った老医師

「一秒で終わる治良なんて、まやかしではないか？」と疑問を抱く人もいるでしょう。

一九八一年に私が東京の池袋にあるサンシャイン60（一九七八年竣工当時、アジアで最も高かったとされる。地上高二三九・七メートル）の一室で、医師や治療師数十人を前にして初めて公に仙骨良法の講義をしたときも、最初は医療の専門家である彼らのほとんどが半信半疑の様子で耳を傾けていました。

ところが、私が「カイロプラクティックで言えば、症状として顕れている部分はマイナー（副次的なもの）であり、メジャー（主要な原因）は仙骨である」と述べて、症例を挙げながら仙骨の働きを詳しく説明し始めると、皆一様に目をらんらんと輝かせ、食い入るように私の話に耳を傾け、私が話し終えると、「もっと話を聞かせてください」と言って、全員が一斉に私のところに集まってきたのでした。

これまで誰も見向きもしなかった仙骨という骨を調整するだけで様々な病気が消えるという話に衝撃を受けたようでした。

そして、「私にも仙骨の治良をしてください。実は腰が痛いのです」「私にもお願いします」という要望に応えて参加者のほとんどにその場で治良をすると、一瞬にして痛みが取れて驚く人が続出し、あるいは次のセミナーに来て、「先生、仙骨良法はすごいですね。何をやっても取れなかった腰の痛みが次の日から消えてしまいました」などと、ことごとく仙骨良法の効果を身をもって体験したことから、「私にもMRTの治良法を伝授してほしい」と口々に言うようになったのです。

その後もセミナーを続けたわけですが、印象的だったのは、Tさんという八〇代の現役の医師でした。

T医師は東京帝国大学（現東京大学）の医学部を首席で卒業した後に軍医としてシベリアに出兵し、戦後は広島で開業医をしていました。

五〇年以上も医学の道を歩いてきた専門家ですが、生まれて初めて仙骨良法の話を聞いて驚き、「あんたの先生をぜひ紹介してほしい」と何度も私に言ってきました。

そのつど、「私には先生はいませんよ」と返答しても、「いや、絶対にいるはずだ」と言ってなかなか信じてもらえなかったのです。

医者でもない若い私（当時三五歳でした）が、誰にも教わらずに、医者も知らない仙骨の働きと仙骨良法について詳しく語れるはずがないと思ったのでしょう。

その後、T医師は私から仙骨良法の基本を習得し、自分の病院でも患者さんたちに仙骨良法を施して、「早速臨床に用いてみると、並々ならぬ奏功の現状を見て、こんな治良法は見たことがないので、生き甲斐を感じております」と、喜びの声を届けてくれました。

また、T医師は漢方の専門誌にも次のような手記を投稿しています。

「内海氏のテクニックは全く素晴らしいものがあり、多くの名医のてこずる難病をしごく簡単に片付けて治している。私も医師になって約五八年（一九八六年当時）、このような名医を見たことは一度もない。病の性質、程度によってすぐにとはゆかない場合もあるが、在来の医術・療術に比べて非常に優れた効果を示すので、まったく驚嘆のほかはない」

（『漢方の臨床』一九八六年一一月号）

その後、セミナーを開催するたびに参加者が増え、やがて数百人規模のセミナーを全国で行なうようになりました。同時にＭＲＴの治良オフィスも全国的に展開し、それから約四〇年間にわたって延べ三八〇万人以上もの人たちが、仙骨良法によって病気を手放し、健康を取り戻してきたのです。

しかし、私はほとんど宣伝をしないので、実績は十分であっても、現在でもＭＲＴの名前を知らない人が多く、治良についても、「仙骨のみを扱い、しかも痛みもなく一秒で終わります」と言うと、ほとんどの人が「そんな簡単な治良で本当に効くの？」という表情を浮かべるのです。

しかし、ＭＲＴの治良に何の効果もなければ、約四〇年間も続くわけがありません。しかも、現在でも毎年延べ七万人以上もの人がＭＲＴで仙骨良法を受けているのです。

◎あらゆる病気に対応するＭＲＴの仙骨良法

ＭＲＴのホームページには現在七〇〇件以上もの体験談が掲載されています。

新しい体験談も日々増えているわけですが、ここに掲載されているのは仙骨良法によって病気が改善された体験談の、たくさんある中のごく一部にすぎません。

MRT のホームページ：http://www.mrt-jp.com/

とはいえ、ホームページに掲載されている七〇〇件の体験談の一部でも読んでいただくと、ＭＲＴが様々な病気に対応していることに驚かれるはずです。難病や重篤《じゅうとく》な病気を克服した方もいらっしゃいますし、死の淵《ふち》から奇跡的に戻ってきた例も数多くあります。

ですからＭＲＴは、医者や薬に見放された人たちが最後の望みを託してやってくるところとしても知られているのです（一般の治療はほとんどが病状を取り除く対症療法であり、またそのことが過剰刺激となり、むしろ体に負担を強いているのです）。

これは決して誇張して言っているのではなく、事実なのです。

なぜなら、私自身がＭＲＴの治良によって、命にかかわるほど重篤な脳梗塞《のうこうそく》から、全く後遺症もなく完全に回復した経験があるからなのです。

これについては本文で詳しく述べますが、いずれにしても、ＭＲＴを世に出した私自身が仙骨良法の驚くべき智空《ちから》*の体験者であり、自ら仙骨良法の効果の正しさを完璧に証明していると言えるわけです。

＊智空――「力」という字は肉体的なパワーというニュアンスが強いことから、「空《くう》なる智慧《ちえ》」という意味を含んだ高い次元の「ちから」を、「智空」と表現しています。

◎仙骨の〝波動〟が絶対のものを引き寄せる

では、具体的にMRTではどのような治良を行なっているか、ということになりますが、それは本文の中で説明することにして、今回、この本を書こうと思い立った動機について述べておきましょう。

「仙骨一カ所・瞬間・無痛」の治良があらゆる病気や症状に対応できることは、長年にわたる膨大な数の体験者の声が物語っています。「水虫からガンまで」という言葉でそれを表現しています。

また、MRTに訪れる人たちには、日頃から健康を取り戻す生活を送ってほしいと考え、その後押しするものとして健康関連商品を紹介してきました。

とはいえ、単に「これは健康に良さそうだ」というあいまいな理由で紹介しているわけではありません。私自身が実際に使ってみて十分に納得のいく本物だけをMRTの治良オフィスに置いているのです。

では、それらの商品を私が試すことになったきっかけは何か――それが一番重要なことなのですが――ここでモノを言うのが仙骨の〝波動〟なのです。

簡単に言うと、自分自身の仙骨が発する波動が高くなると、波動の高いものが自動的に引き寄せられ、波動の低いものは離れていくようになります。また、「どれが本物か」「どれが最高のものなのか」「どれが自分自身にとって良いものなのか」ということなどが直感的にわかるようになります。

これは私だけではなく、仙骨良法を受けた多くの人々が体験していることなのです。仙骨に備わるこのような鋭い感覚、研ぎ澄まされた感性のようなものを、本来はすべての人が生まれつき持っているものです。それを私は「中真感覚《ちゅうしん》」という言葉で顕しているのですが、ここで先ほどの健康関連商品の話に戻りますと、要するにMRTで紹介している健康関連商品は、研ぎ澄まされた中真感覚によって選ばれたものばかりだということなのです。

そして実際に、中真感覚によって選ばれたものには間違いがありません。「これだ！」という絶対的な感覚が選んだものは確かなものであるということです。

◎「もう他に治療法を探さなくてもよい」という大安心

ＭＲＴには、中真感覚によって選ばれた数少ない健康関連商品がありますが、なかでも、人間にとってなくてはならない「酵素」をたくさん生み出す「酵母飲料」(日本国認可の生きた酵母菌の入った飲料)と、体内の悪玉活性酸素を除去する「水素」による健康への恩恵は目を見張るものがあります。

酵母飲料と水素は、多くの人たちの健康に非常に良い手助けとなっているのですが、私の中には、「まだ何か一つ欠けている。それがどこかにあるはずだ」という感覚が長年くすぶっていました。

長い間、その「欠けているもの」を求めて、東へ西へと世界中を探し続けてきたのです。

そして、今年(二〇一九年)の春に、「アミノ基」を配合した水と出会うべくして出会い、「これは人類を救済するモノだ！　これで仙骨を中真としてすべてがそろった！」と確信するに至ったのです。

それが「アミン」です。

アミンとの出会いによって、MRTの治良体系は一つの完成を得ました。

つまり、健康の土台となる霊肉一致の仙骨の調整を第一とし、その促進要素として「酵素（酵母飲料）」「水素」「アミン」という三つの柱がしっかりと組み上がったのです。

私自身は、これで人類があらゆる病苦から解放される完全なるメソッド（方法）が確立したと確信しています。それが本書執筆の動機です。

詳しい内容は本文で説明しますが、朗報として「もう他に病気を治す方法を探す必要はありません……」という結論に至りました。

世の中には多種多様なその場限りの治療法が巷《ちまた》に存在していますが、本当に効果のあるものはほとんどありません。

一時的に良くなったように見えてもすぐ元に戻ったり、あるいは前よりももっと悪くなることさえあります。そういう経験をしたことのある人は、どんな治療を受けても、「これで本当に良くなるのだろうか？」と不安をますます抱くこと

MRTの三本柱を顕した三角錐《さんかくすい》。仙骨良法（S）を土台とし、促進要素として、酵素（E）、水素（H）、アミン（A）が在る。

になるでしょう。

しかし、もうそのような不安を持つ必要はないのです。土台となる仙骨良法と三つの促進要素が、他の治療法では得ることのできない最大限の効果を発揮してくれるようになります。そういう意味で、ＭＲＴはあなたの意識に「大安心」を与えることができると言い切れます。

◎死んだ細胞さえ蘇《よみがえ》る――「アミン」の智空《ちから》！

私たちの体を作っているタンパク質は、アミノ酸でできています。そのアミノ酸を構成する材料の一つがアミノ基です。

アミノ基を含む化合物は「アミン」と呼ばれるので、私はアミノ基そのものと、アミノ基を配合した水を「アミン」と呼んでいます。

アミンは、「生きた水」です。

アミンは、水に化学物質で味付けをしてコマーシャルのイメージ力でさも効果があるように見せかけて売っているスポーツドリンクのたぐいとは全く次元の異なるものです。

なぜそう言えるかというと、たとえば、アミンの入った瓶《びん》の中に生卵を割って入れると、常温のままでも卵が二カ月経っても腐らず、腐敗臭も全くないのです。

また、胡蝶蘭《こちょうらん》の鉢植えにアミンを混ぜた水をあげると、五カ月間もきれいな姿を維持していました。魚の切り身をアミンに浸すと、一週間経っても全く劣化せず、腐ったニオイもしないのです。

このわずかな例だけでもアミンのすごさがわかると思いますが、私自身は、アミンにはまだまだ未知の智空が隠されていると感じています。

たとえば、人間の細胞は、老化をはじめとする様々な要因によって弱ったり機能が衰えたりしますが、アミンを摂り入れることによって、それらの細胞が元気なときと変わらない状態になることを私自身、実感しています。

要するに、老化による細胞の劣化も、細胞の機能が失われて病気になっている状態も、アミンを摂ることにより、ミトコンドリアの発電量（ミトコンドリアの内部では水力発電に似たシステムで人間が活動するためのエネルギーが作られている。詳しくは一四二ページ「アミンで元気になる仕組みとは……」の項を参照）が増加し、細胞が活発化することにより正常に戻ってくるのです。つまりアミンによる発電量が増えれば健康に、アミンを摂らなければ発電量が低下し、病気のリスクが高まると言えるわけです。

この証明については今後の心ある研究者に期待するところが大きいわけですが、非常に喜ばしいことは、アミンは人体にとって安全であることが完全に確認されているという点です。それでいて、人間の健康に対して多くの可能性を秘めているのですから、私が「人類を救済するモノだ」と述べたのも決して誇張ではないことがおわかりになるでしょう。

◎「ガン」が消滅する新理論の登場

ガンになると、ほとんどの人は医者に治してもらおうとします。しかし、医者自身がガンになると、自分の治療では治せないので、うろたえてしまうことをあなたは知っていますか。ガンの専門医でもガンで死にます。しかし、それは不名誉なことなのです。公にはしません。

明日ガンになってしまうかもしれない医者に、自分のガンを治してもらおうとするのは、中真を大きく外した行為であると言わざるを得ません。

とにかく、自分自身を中真にして、最も自分にとって良い方法を選ぶことが大切です。

その方法の一つが自分自身の仙骨の治良であることは言うまでもありませんが、本書では、今述べた「アミン」が、ガン治良の担い手として大いに期待・活躍できることをお伝えします。

要するに、「ガン」に対する全く新しい考え方、そしてそれに基づく治癒への道を提供しているのです。

現代医学はガンを死滅させることに躍起になっていますが、現実を見れば、ガン患者は減るどころか、どんどん増えています。二人に一人がガンにかかると医者が吹聴《ふいちょう》するほどの時代背景があるのも事実です。

ガンの専門研究団体である「癌研究会（現がん研究会）」が日本に発足したのは明治四一（一九〇八）年ですから、一〇〇年以上ガンを専門に研究しても、いまだにガン患者が増え続けているということです。

この事実は、これまでの考え方ではガンに太刀打ちできないということを明確に物語っています。ガンを治せないから、ガンにならないようにしようと「予防医学」が盛んになってきています。

そこで本書でご紹介するのが、アミノ酸からアミノ基を抽出することに成功した村田氏

（アミンの研究の漏洩《ろうえい》を危惧《きぐ》し、ご本人のたっての希望により仮名にさせていただきました）のガン理論です。

おそらく皆さんも、現代医学にとらわれない村田氏の自由な発想から出てきたガンに対する考え方を読むと、ガン患者がますます増加している現状をアミンが大きく改善する助けになると感じることでしょう。

もちろん、「ガンはガンの専門医にお願いする」と言う人もいるでしょう。しかし、前述のように現代医学は万能ではありません。それにもかかわらず、ほとんどの人が「病気になったら医者に行かなければ」「具合が悪くなったら病院だ」というように、病気を治すには医者や病院に行くしかないと思い込んでいます。それはある種の染脳にかかっていると言えるのです（一つの考え方に染めるので、「洗脳」ではなく「染脳」としています）。

現代医学を信奉している人は、「それでも民間療法よりはましだ」と言うでしょう。

しかし、病院で治らなかった病気が、整体、マッサージ、断食療法や光線療法、あるいは民間に古くから伝わる薬物的治療などで改善されている例は山ほどあるのです。

そういう現実があっても、ほとんどの人が病気になると病院に行って治療を受けるのは、一つには保険制度があるからです。

多くの人は一円でも安く治療を受けたいと考えるので、みんな保険が利用できる医者のところに行きます。医者の腕の良し悪しは後回しですから、治るものも治らなくなるのです。逆に言うと、もし保険制度がなければ、みんな腕のいい医者のところに行くはずです（そうなると、ヤブ医者はつぶれることになりますが、人の命にかかわる仕事をしているのですから、腕の悪い医者は淘汰《とうた》されてしかるべきなのです）。あるいは医者よりも民間治療のほうが治るのであれば、そちらを選ぶでしょう。本当に自分の体を治したいのであれば、確かなものを最優先するべきなのです。

ＭＲＴの治良も民間治療の一つですが、病院に行って良くならない人がこちらにやってきて良くなっている事実から、現代医学よりも優れていると言えるかもしれません。

現代医学は病名がなければ薬の投与もできませんが、ＭＲＴは病名に関係なく、あらゆる病気、あらゆる不調に対して、仙骨一点のみの治良によって効果的なアプローチができるのです。

◎あくまでも〝自分〟が中真である

本書の重要なキーワードは「波動」というものです。

病気も健康も自分の波動によってもたらされています。

波動が低くなると、病気や悪い環境を引き寄せ、波動が高くなると、健康や良い環境が自分を取り巻きます。自分の仙骨の波動が変わらなければ何も変わりません。

つまり、「すべては自分次第である。核である仙骨の波動力の高さである」ということです。

また、本書で紹介する「酵素」「水素」「アミン」は、もともと初めから人間の体の中にあるものです。これは何を意味するかというと、人間は必要なものはすべて初めから持って生まれてきているということです。欠けているものなど一切ないのです。

多くの人は、自分に欠けているものがあると思って薬をもらいに病院に行きますが、本当は自分自身の中にすべてが用意されているのです。

もちろん老化によって、酵素や水素やアミンが減っていく現実はあります。しかし、ガソリンが減ってきたら、ガソリンスタンドで給油して満タンにすればよいだけの話で、エンジンそのものを変える必要は全くありません。

ガソリンが三分の一しか入っていない車を運転するのと、満タンの車を運転するのとでは安心感が全然違います。本書が提案しているのはまさにそれで、減ったものを補えば、また元に戻ります。自分の体の中にもともとないものを新たに取り入れる必要は全くないということです。

それは人間の完全性を顕しているからなのです。

この本では、病気と健康を主に語っていますが、最も重要なことは、「自分は絶対・完璧・完全なものである。自分が中真である。すべては自分次第である」ということなのです。

以上の点を、頭脳ではなく、ご自身の仙骨という中真を通してお読みくださるように……。

内海康満

二〇一九年一二月

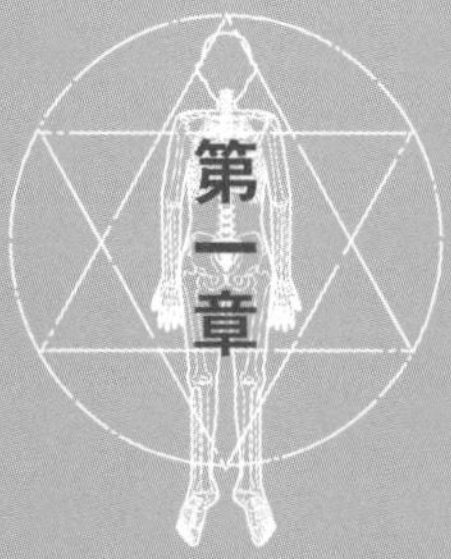

第一章

すべてのカギは〝仙骨の波動〟にあり！

◎なぜ仙骨は「聖なる骨」なのか？

皆さんは「仙骨」という言葉から何をイメージしますか。

仙人や神仙の「仙」という漢字が用いられていることから、何か神秘的な骨のように感じる人もいるでしょう。

実際、仙骨は英語では「sacrum（セイクラム）」「sacred bone（セイクリッド・ボーン）」といわれており、いずれも語源は「神聖な」という意味のラテン語から来ています。

日本では、江戸時代にオランダ語の解剖学書『ターヘル・アナトミア』を翻訳した『解体新書』（重訂版）が出たときに、「護神（神）骨」と訳されています。

「神を護《まも》る骨」と書くのですから、昔から仙骨は神が宿る神聖な骨と考えられてきたのでしょう。

「仙骨は触れてはいけない骨である」という言い伝えもありますが、これも仙骨が神聖視されてきたからです。

仙骨がどうして神聖な骨だと考えられてきたのかというと、生命エネルギーの根源的なものが仙骨に宿っているからです（実際、「古代シャーマンは仙骨の波動が止まったときを死と認めていた」という言い伝えがあります）。

これは現代医学で説明することはできませんが、私は三〇歳のときに授かった啓示とMRT《マート》の仙骨良法の膨大な臨床経験から、そのことをよく理解しているのです。

私に中真からの啓示が降りてきたのは、「仙骨は触れてはいけない骨である」という言葉の真の意味を私が理解できるだけでなく、忠実に啓示の内容に従うことを天（「絶対・完璧・完全」なる法則）がわかっていたからです（天に忠実な者は、絶対にいささかの細胞も殺してはならないということを識《し》っています。モルモットの命を使って人間のための医学を確立しても、決して本当の救われはないのです）。

普通の治療家は、確信もないままに自分のやり方を試そうとして、押したり引いたりしますが、私は絶対法則に従って、仙骨に一切触れずに治良をしてきました。

また、私自身が厳しくやっていただけでなく、言いつけを守らずに仙骨に触って治良しようとする弟子を、ことごとくMRTの治良家にさせなかったのです。

仙骨は、それほど慎重に扱わなければならない最重要の骨なのです。

◎仙骨とはどのような骨か？

仙骨は、体のちょうど真ん中にある骨です。

背骨の下端に位置し、骨盤の中央にあります。仙骨の先にあるのが尾骨（尾てい骨）です。図を見ていただくとわかるように、仙骨は背骨とつながっている骨ですが、形は背骨と全く違います。独特の形状をしています。

仙骨は横から見ると、球体を包むような形をしています。

この丸い形が実は非常に重要で、人間が直立歩行できるのは仙骨がこのように球体を包み込むような形状をしているからなのです。

仙骨がこのような丸い形をしているのは人間だけで、人類に近いとされるチンパンジーでも仙骨は直線的な形をしています。ですから、チンパンジーは人間のようにスムーズに直立歩行することができないのです。

また、昔のロボットは人間のように二足歩行することができませんでした。現在では二足歩行が可能になり、片足で立っていろいろな動きをすることもできるようになっていま

仙骨は体の中心にある

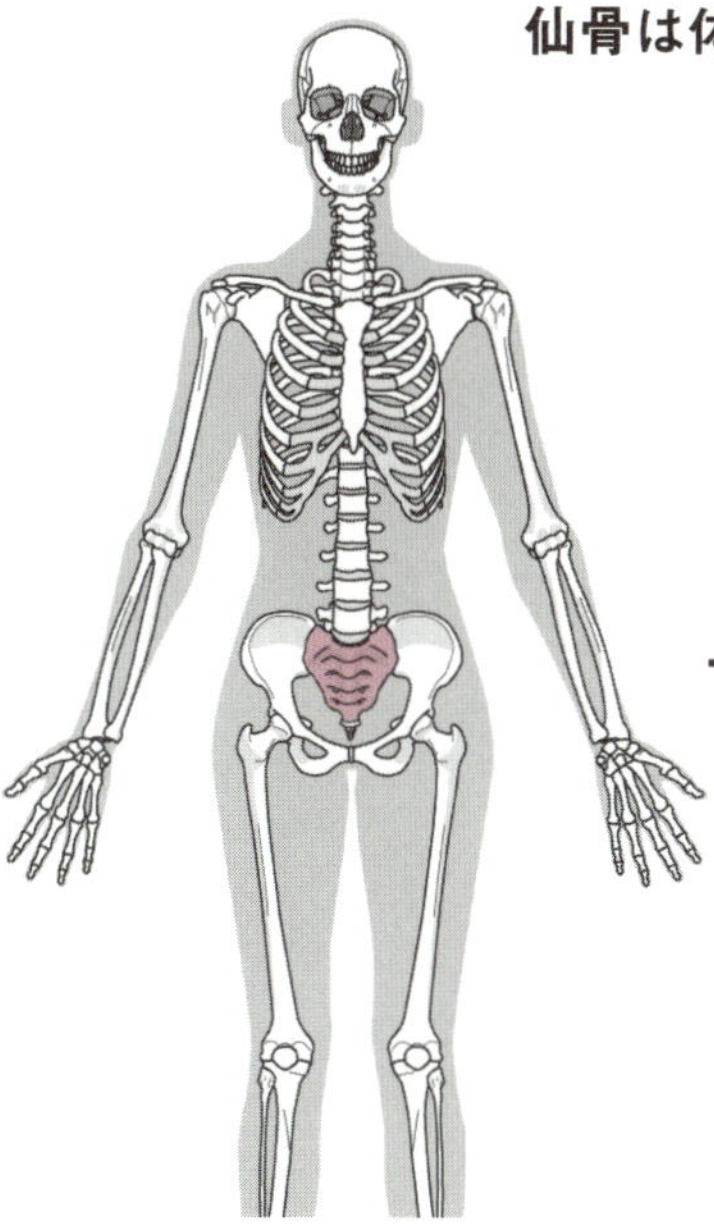

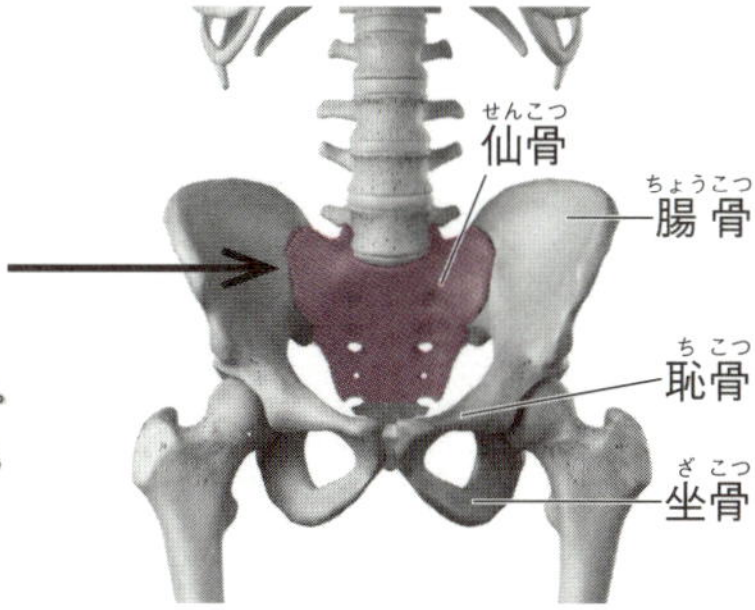

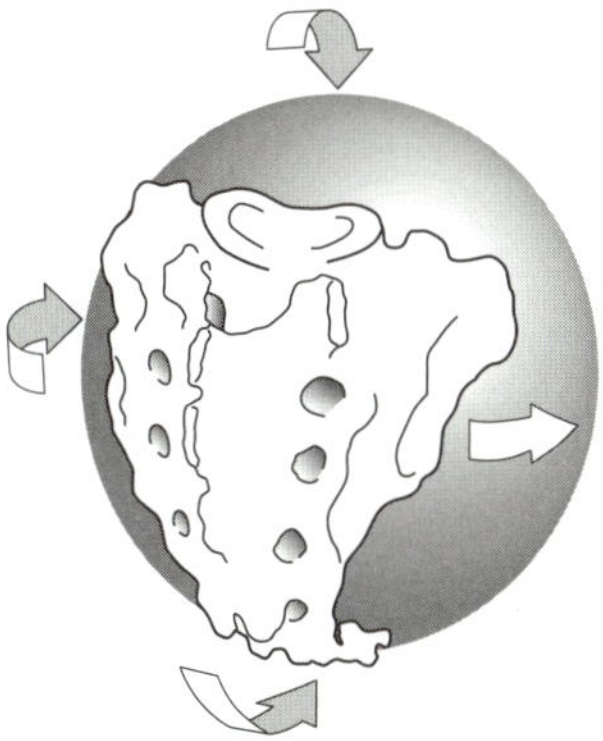

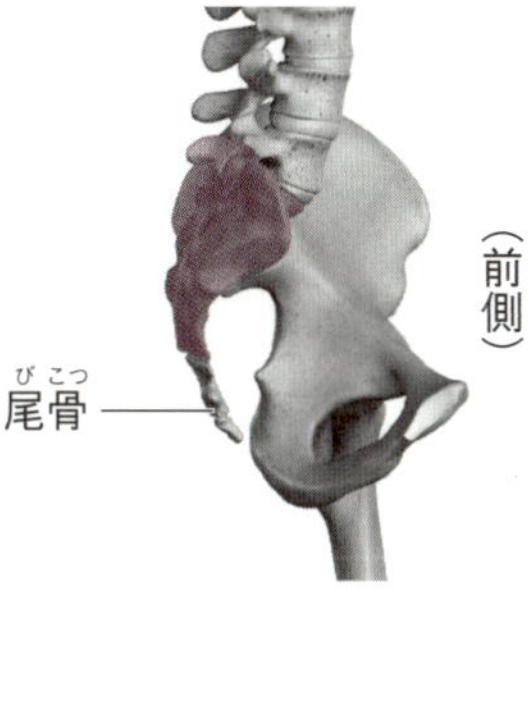

仙骨は球体を包み込む形をしている

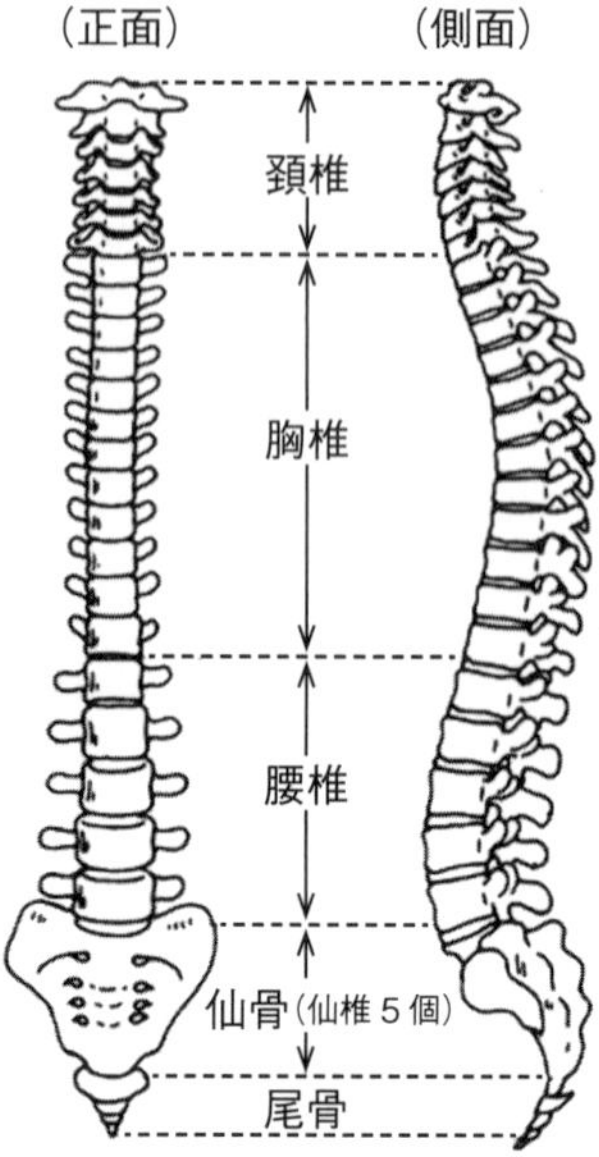

すが、このように二本足で立てるようになったのは、ロボットの中心部、人間でいえば仙骨の部分に、仙骨の代わりとなるジャイロスコープを組み込んだからです。

ジャイロスコープは、幾重にも高速回転するコマの働きを利用してバランスを取ります。

コマの回転力は非常に強く、人間の仙骨が波動を出しているのと非常によく似ています。仙骨の波動によって人間は二足歩行をしているのです。

この仙骨の波動については、あとでまた詳しく述べましょう。

人間の仙骨は特別である

（腸骨と仙骨の比率を見ても、人間の仙骨は非常に大きい）

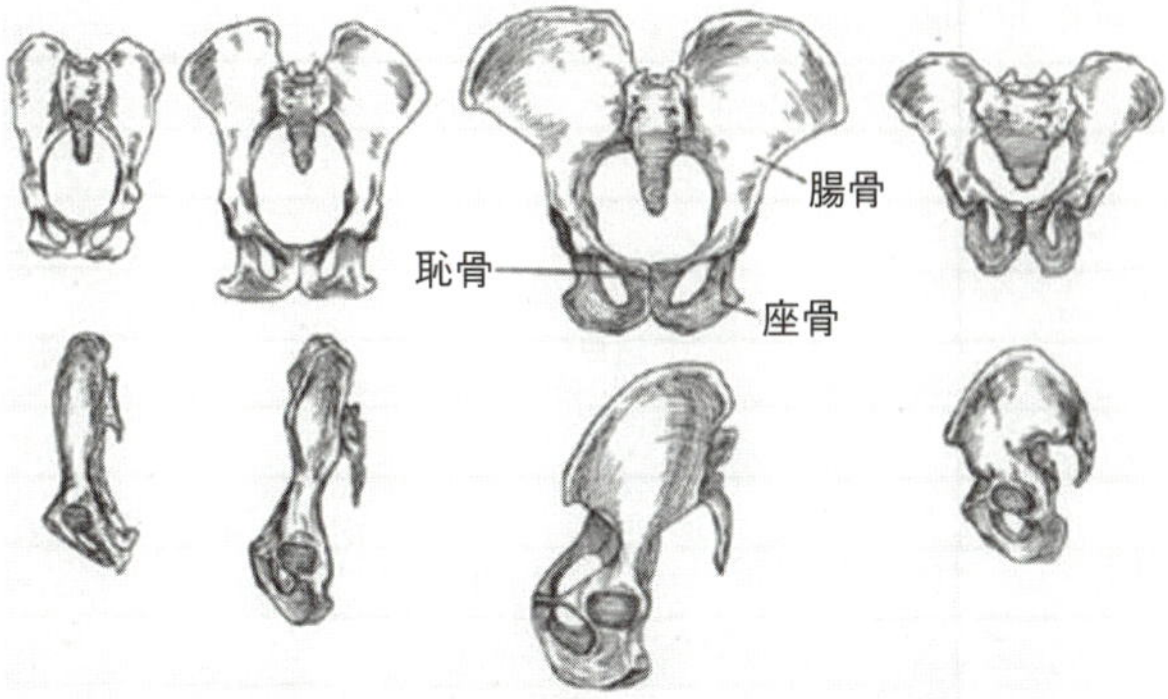

・左から、テナガザル、チンパンジー、ゴリラ、人間の骨盤
・人間の骨盤は、直立二足歩行の獲得によって幅広になっている
（京都大学人類学研究会編『目でみる人類学』より）

現在の人型ロボットが二足歩行できるようになったのは、ロボットの中真（人間で言えば仙骨）にジャイロスコープを組み込んでバランスを取れるようにしたから。

神秘の骨「仙骨」の働き

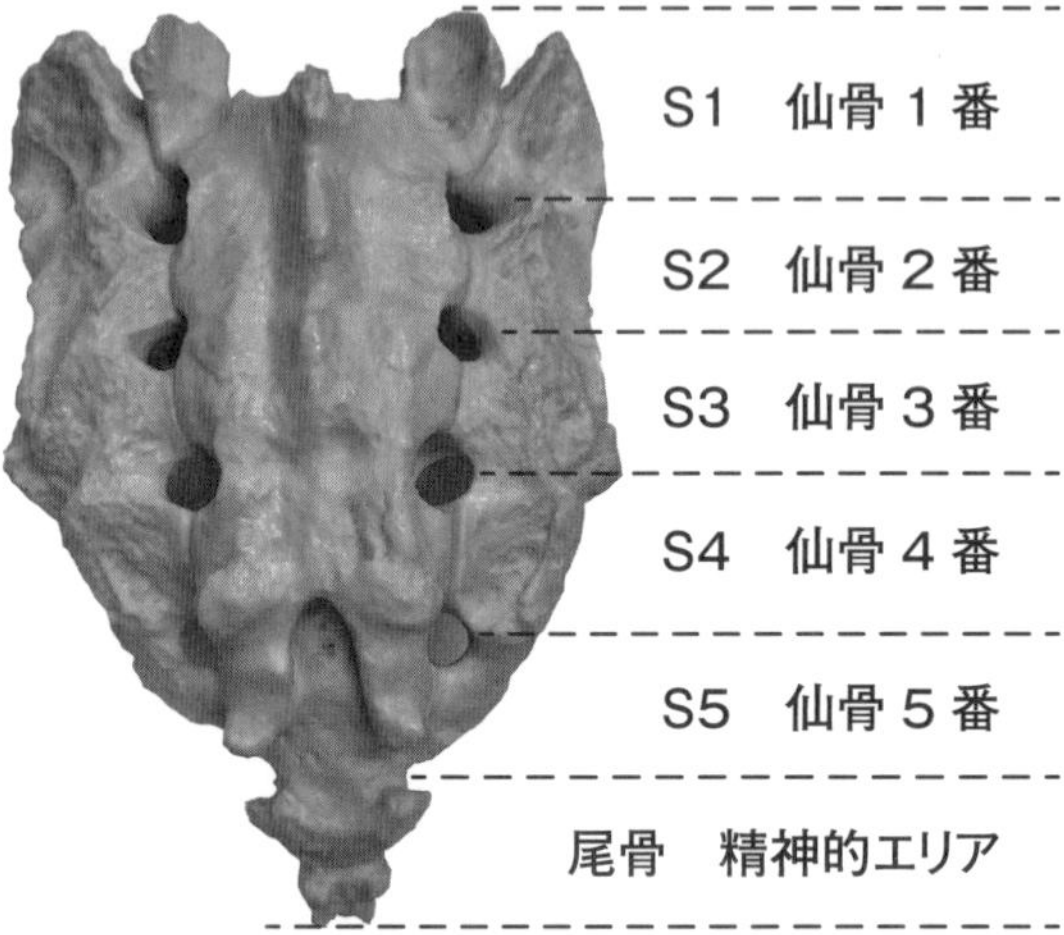

MRTでは、成人の仙骨を横に５つ、縦に４つに分割し、全体で20の部位に分けて番号を付けている。ここでは簡略化して示した。図中の「S」は英語の「sacrum（仙骨）」の頭文字。

仙骨は、仙骨１番（S１）、２番（S２）の真ん中を中心に８の字を描くようにして、微振動しながら全身のバランスを調整している。肉体的・精神的な症状のバランスを取るために、仙骨は自らズレ（変位）を生じさせて全身の補正をする。

仙骨は人体の縮図

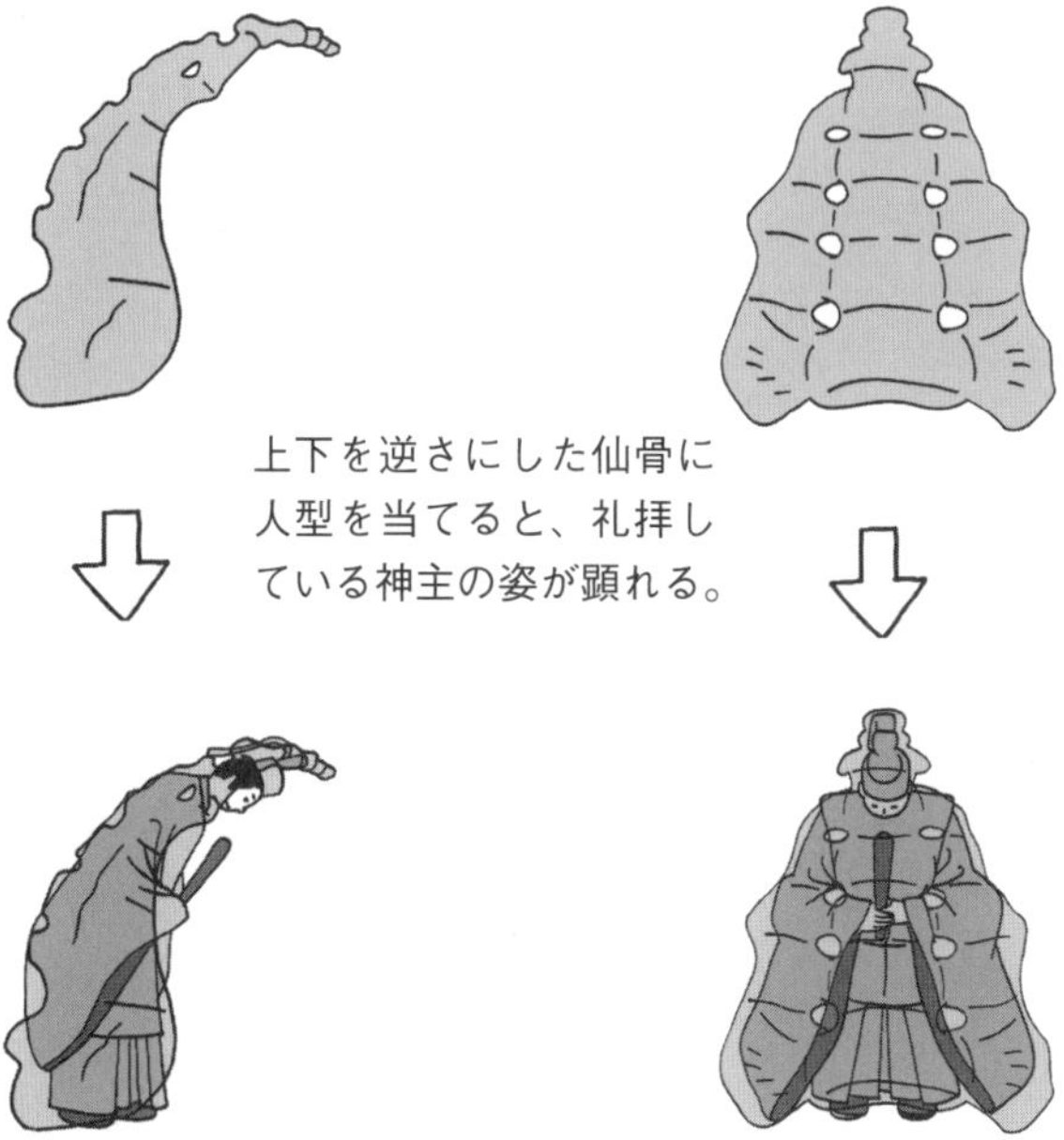

上下を逆さにした仙骨に
人型を当てると、礼拝し
ている神主の姿が顕れる。

仙骨はまさに人体の縮図と言える。実際、頭が左右に動くのと同じように尾骨も左右に動くし、頭の障害も尾骨に出る。仙骨の真ん中の盛り上がっているところは背骨に相当しており、この部分をぶつけたりすると背骨に影響が出る。仙骨の一番上の腰骨と接している部分は足や下半身の病気に関係している。

このように現代医学で解明できていないことまで詳しく解説できるのも、MRT が約40年という歳月の中で仙骨の機能と役割を熟知しているからだ。

◎仙骨は体の要《かなめ》の骨である

扇子《せんす》には要と呼ばれる部分があります。要の部分を少し広げるだけで、扇子の末端が大きく開きますが、要の部分が動かないと扇子は開きません。

また、要が外れると、扇子を構成している骨がバラバラになって使い物にならなくなります。扇子の要は、文字通り最重要部分と言ってもいいでしょう。

これと同じように、仙骨は体の中で要の役割をしているのです。

実際、人間の身体活動のすべては、最初に仙骨のわずかな動きがあって、それが体の末端の動きとして顕《あらわ》れるのです。

たとえば、歩くときのことをイメージしてみてください。

歩くときは、左右の足を交互に出して前に進みますが、最初に動き出すのは、足ではなく、仙骨なのです。

やってみるとわかりますが、足から先に歩こうとすると、「抜き足、差し足」に似たおかしな動きになります。

実際は、先に仙骨がわずかにねじり出し、それから足が前に出始めます。仙骨が8の字を描くように先に動き出してから、右足、左足が交互に前に出て体全体が行きたい方向へ進みます。

仙骨は初動の骨なのです。

◎世の中には二種類の人がいる

世の中には、二種類の人がいます。健康な人と病気の人です。

健康な人は仙骨が発する波動が高く、病気にかかっている人は仙骨の波動が低くなっています。

これはコマの動きにたとえることができます。

勢いよく回っているコマは、静止しているように見えますが、指で触ると弾《はじ》かれるほどのパワーがあります。ところがコマの勢いが弱くなると、フラフラとふらついて、最後には倒れて止まってしまいます。

これと同じように、仙骨の波動が高いときは体は元気で動きも軽く、歩くスピードも速くなりますが、波動が低くなると、立っているのもつらくなってきます。

疲れているときや病気になったときに動きが鈍くなったり横になりたくなったりするのは、仙骨の波動が低下しているからです。

ですから、いつも健康で元気でいるには、日頃から仙骨の波動を高めておくことが大事なのです。

◎仙骨の波動が自分に合ったものを引き寄せる

仙骨が発する波動は、体の動きとして顕れるだけではありません。「はじめに」でも述べたように、仙骨の波動が高くなれば、波動の高いものを引き寄せ、仙骨の波動が低くなると、波動の低いものを引き寄せるのです。

これは「共鳴《きょうめい》」という現象に似ています。

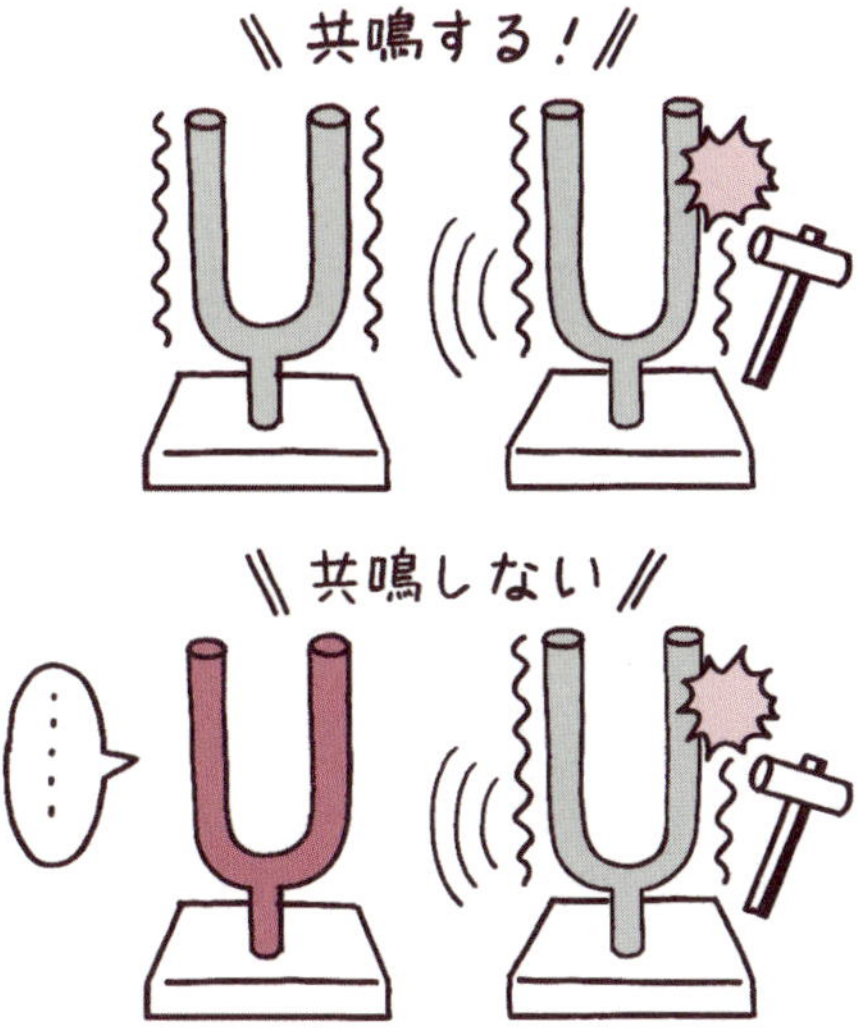

仙骨は自分の波動（周波数）と合うものと共鳴し、波動が合わないものとは共鳴しない。

周波数の等しい二つの音叉《おんさ》を並べて一方を鳴らすと、もう一方の音叉も鳴り出します。これが共鳴という現象です。周波数が合わない音叉は鳴りません。

この原理と同じで、人間も自分の仙骨の波動と同じ波動のものと共鳴するのです。

つまり、自分の仙骨の波動が高ければ、高い波動の人や物と共鳴するということです。

共鳴するから、「あっ、この人とは仕事が良いペースで進むな」とか、「おお、これこそ私が求めていたものだ！」という出会いがあるのです。

逆に、波動が低い場合は、同じく低い波動の人と出会い、低い波動の物を引き寄せてしまいます。

「スーパーでリンゴを買ったら、中身が腐っていた」「態度の悪い店員に邪険に扱われた」

最初はバラバラでも、振り子の長さが同じなら、同じリズムになる。

という目に遭ったりするのも、自分自身の仙骨の波動が低いゆえに起こる現象と受け止めるべきなのです。

人間は、何か不都合なことがあると、誰かのせいにしてしまいがちですが、実際には、自分自身が自分の波動に合った物や人を引き付けるのですから、すべて自己責任ということになります。それが真実なのです。

また、音楽のリズムを刻む装置のメトロノームを用いると、面白い現象を見ることができます。

私も実際に実験してみたことがあるのですが、たとえば一五個くらいのメトロノームを同じ板の上に置いて（板を浮かせるように設置すると結果が早く出ます）、振り子の長さをすべて同じにします。それから、一個ずつ異なるタイミングで振り子を動かします。

そうすると、初めはそれぞれバラバラのタイミングで音を出していますが、徐々に同じタイミングでリズムを刻むものが出てきて、それが最終的にはすべてのメトロノームが一つの同じリズムを刻むようになるのです。

これは同じ場にあるそれぞれのメトロノームが同期することで同じ動きをするわけです。

この現象を仙骨に当てはめれば、仙骨の波動が高い人たちのところに行って、自分のおもりを調節して合わせれば（つまり仙骨の治良をすれば）、いつの間にか、自分も高い波動の人たちと同じ動きをするということです。逆に、波動の低い人が集まっているところに行って、自分の波動も低ければ周りに影響されてしまうということです。ということは、病気によって仙骨の波動が低くなっている人たちが集まっている病院という場所は良い空間とは言えないわけです。

ＭＲＴの良いところは、治良によって仙骨の波動を高めた人が多く集まるところであるということです。その点も、一般の病院や治療院と全く違うところだと言えます。

ご主人がＭＲＴで治良を受けて仙骨の波動が高まると、その波動に感応して奥様もＭＲ

Ｔに通うようになったり、家族全員でＭＲＴに通うようになったりするケースがたくさんあります。

病院に通っている人は、その事実を隠したがりますが、ＭＲＴは病気治しをするところではなく、仙骨の波動を高めるところなので、「ＭＲＴに行って仙骨の波動を高めてきます」と、臆することなく言える場所なのです。

◎仙骨の波動を高めておくと災いが遠ざかる

ＭＲＴは一九八一年の開業以来、約四〇年になりますが、ＭＲＴの治良を受けている方の中には、開業当時から通っている方もいます。一〇年、二〇年通っている方はザラです。どうしてそんなに長く通っているのか不思議に感じる方もいるでしょうが、病気が治らないからずっと通っているのではありません。

最初はみんな何らかの病気を治したいとＭＲＴを訪れたのですが、病気が良くなっても仙骨良法を継続しているのです。それは、ＭＲＴの治良が仙骨の波動を高めることを実体験からわかっているので、何年も継続して通っているのです。

先ほど、治良によって仙骨の波動が高くなると、波動の高い人や物を引き寄せるという話をしましたが、人や物にとどまらず、自分にとって最適な現象を引き寄せることもわかっているのです。逆に、自分にとって悪い現象は自然に離れていきます。

現実に、仙骨の波動を高めていたことで大きな災難から逃れた実例があるので、ご紹介しましょう。

二〇一一年三月一一日の東日本大震災の直後に、ＭＲＴ仙台（当時）に治良に通っていた人たち全員に連絡を取ったところ、大きなケガをした人もなく、全員の無事が確認されました。

なかには、震災当日に仙台空港から飛行機に乗り、目的地に着いたときに、つい先ほどまで自分がいた空港が津波に襲われているのを空港内のテレビで見て、寒気が止まらなかったという人もいます。自分が乗った便の一つあとの飛行機は津波による空港閉鎖で飛べなかったのです。

それより前の一九九五年の阪神・淡路大震災のときも、ＭＲＴ治良を受けていた人たちは全員無事が確認されました。家が押しつぶされた弟子もいましたが、ガラスの破片が至るところに落ちている中を裸足で歩き回ってもケガ一つ負わずに済みました。

仙骨の波動を高めておくと、災いが遠ざかる。

また、二〇〇一年九月一一日にアメリカで同時多発テロが起きましたが、このときも、日本にいるときにＭＲＴ治良を受けていた女性があやうく難を逃れたと帰国後に報告してくれました。

その女性は崩壊したワールドトレードセンターの八〇階にあるオフィスで働いていたのですが、その日に限ってクリーニング屋に寄ってからの出勤となり、普段より三〇分遅くなったためにビルのそばまで来たときに目の前で飛行機がビルに突っ込み、ビルが崩壊していくところを見たということです。

これも仙骨の波動を高めておくことで大きな災いから守られた例ですが、仙骨の波動が高まると、自然とそういう場所に近づかなくなるのです。

長くＭＲＴに通っている人たちは、普段の健康維持・増進のために治良を受けると同時に、常に仙骨の波動を高めて、良い現象を引き寄せ、悪い現象を自然と遠ざけ、日々の生活を豊かなものにしているのです。

人も同じで、自分と波動が合わない人は自然と離れていくことになります。夫婦でも友人関係でもそれが起こり得るわけですが、それぞれが自分の波動に合った人たちと人間関係を結んでいくのですから、悪いことではないのです。むしろ、夫婦であってもお互いに波動が合わないことをわかっていながら別れないでいることは、お互いにとって不幸なことです。

何十年もＭＲＴに通っている人は、仙骨の波動を高めることがいかに重要であるかを、よく知っているのです。

◎「これだ！」とわかるのが仙骨の内奥に備わる〝中真感覚〟だ！

仙骨の波動の話でもう一つ大事なことは、仙骨の波動が高くなると、どれが本物なのか、どれが最高なのか、何が自分にとって最適なのか、ということが瞬時にわかるようになることです。「これだ！」と直感的に確信に至るのです。

一般に、「あの人は感性が鋭い」とか「敏感な人だ」などといわれることがありますが、仙骨の波動が高くなると、それ以上に微細で鋭い感覚が働くようになります。

これは私が言う「中真感覚」の働きの一部なのです。

ここで、中真感覚について改めて説明しましょう。

人間には、目や耳、鼻、皮膚などの感覚器官が備わっていますが、これは外界のものを取り入れる装置のようなもので、この器官を通して捉えたものを認識するのは、より根本的なものなのです。それは私が感覚基幹と呼んでいるもので、「感じる」という機能の元です。

その感覚基幹の中枢が中真感覚で、体においてはそれが仙骨に収まっているのです。

中真感覚は本来、肉体に付随する機能ではありませんが、体の中真である仙骨を通して肉体次元にもつながっていて、人間はそれを使って生きているのです。

中真感覚が磨かれてくると、いわゆる直感力というものが働くようになるので、瞬時に自分の取るべき行動がわかったり、自分に必要な物事がわかったり、物事の裏に隠された真の意味がわかったりします。

日本人は子どもの頃から「頭を使いなさい」と教育されているので、ほとんどの人が頭脳回路を使うことが最も重要であると考えていますが、頭脳回路ばかり使っていると、文字通り頭でっかちになって、いざというときに仙骨に備わっている中真感覚が使えなくなってしまいます。

人間の頭脳は知識や情報を蓄えておく図書館のようなもので、図書館は物事の正しい判断はできないのです。頭脳回路を使っている現代人は、図書館の中を一生懸命グルグル回っているだけで、図書館から一歩も外に出ていないのですから……。

先ほど大震災の話をしましたが、被災した現場にいた人たちのように、精神的にも肉体的にも窮地に立たされたときに、頭脳回路を使っても、なかなか正しい判断はできないものです。

ああでもない、こうでもないと考えているうちに、ますます窮地に追い込まれてしまいます。

一瞬を争うような状況の中でモノを言うのは、頭脳を頭脳たらしめている仙骨の内奥に備わる中真感覚なのです。

このような優れた機能が備わっているのに、大多数の人は自分が中真感覚を持っていることにも気づかずに過ごしているのです。

仙骨の波動を高めると、眠らせていた中真感覚が本来の働きを取り戻します。ご自身で確かめてみるとよくわかるでしょう。

◎「明日テストだ」「お見合いだ」というときこそ仙骨の波動を高めよう！

仙骨の波動は日常的に高めておくのがよいのですが、特に大事なイベントが控えているときは、事前に仙骨良法を受けて普段以上に仙骨の波動を高めておくことが大切です。

たとえば、「明日テストだ」「お見合いだ」「大事な試合だ」「コンテストだ」「面接が迫っている」「プレゼンテーションを成功させたい」「取引を成立させたい」というときは、何を差し置いても、仙骨の波動を高めることが良い結果をもたらしてくれるのです。

「明日がテストなら仙骨良法を受けに行くよりもその時間を勉強に充てたほうがいいのでは？」と考える人もいるでしょうが、仙骨の波動を高めてから勉強をすると、ちょうど勉強したところがテ

ストに出題されたり、勉強の合間にちょっと観たテレビの内容がテストに出題されるといったことが起こるようになるのです。

面接や試合でも、仙骨の波動が高いときは、意識を仙骨に向けるだけで落ち着いて本番に臨むことができます。そして、高い波動に合った結果がもたらされるのです。

それは、すべて自分の思い通りの結果になるということではありません。

たとえば、大きな仕事を逃すこともあります。そのときは残念に感じても、その数カ月後にもっと大きな仕事が舞い込んできて、最初の仕事を受けていたら、この仕事を受けられなかった……ということが起こるのです。

このように、仙骨の波動を高めておくと、自分にとって都合の悪い現象が起きたとしても、後になって、そのほうが実はよかった、ということが起きてくるのです。

◎アルコールやタバコなど、波動の低いものを受け付けなくなる

仙骨を調整して波動が高くなると、アルコールやタバコ、化学薬品などのような低く粗い波動を持つものを受け付けなくなります。

実際、ＭＲＴの治良を受けて、自然とタバコをやめた人はたくさんいます。お酒をやめられないという人でも、酒量が劇的に減ったり、酔っぱらうほど飲まなくなったりします。

仙骨の波動が高くなると、体が自然と波動の低いものを遠ざける。

また、長年飲みなれていた薬がきつく感じられるようになって、薬を飲むのをやめたという人も多くいます。

ＭＲＴでは、アルコールやタバコを特に禁止しているわけではありません。

しかし、治良によって仙骨の波動が高くなれば、自然と波動の低いものを体が遠ざけるようになるのです。

嗜好品《しこうひん》というものは、自分が好きなものだけに、やめようと思ってもなかなかやめることができません。

「健康のために」と思ってやめる努力をしても、

意志の力で欲求を抑えようとしますから、欲求がある限りは苦しい葛藤《かっとう》の連続で、最終的には欲求が勝ってしまうものなのです。

「今日から禁煙した！」「禁酒した！」と宣言しても、夜中になると我慢できなくなり、コンビニに走ってタバコやアルコールを買い求めてしまい、「やっぱり自分はダメだなあ」と落胆するのです。

そんなに苦しい思いをするのは、欲求と闘うからです。逆に言うと、苦しい思いをせずに嗜好品から離れるには、欲求が自然となくなればよいのです。

先ほど述べたように、仙骨の波動を高めると、波動の低いものは自然と受け付けなくなります。体が欲求しなくなるのです。

欲求がなくなるので、苦労せずにアルコールやタバコから離れることができるわけです。

禁酒禁煙を目指している人にとっても、仙骨良法は非常に効果的なのです。

◎人間を生かしめているのは「生命波」だ！

仙骨の波動が大事だという話をしましたが、波動というものがどうもよくわからないという人もいるでしょうし、波動の存在を否定する人もいるでしょう。

しかし、目に見えない電磁波が四六時中飛び交っている時代にそんなことを言うのはナンセンスです（テレビの電波や携帯電話の電波だけでなく、紫外線のような自然界からのものなど、電磁波はあふれています）。

仙骨は大宇宙の中真から流れてくる「生命波」を受信している。

実際に仙骨の治良をした直後に、「仙骨がモーターのように力強く振動し始めた」と言う方も多くいらっしゃいます。

また、夜寝るときに呼吸を意識しながらそっと手のひらを仙骨にしのばせてみると、「仙骨が振動しているのを感じる」と言う方もたくさんいらっしゃいます。仙骨の動きは呼吸と連動しているのです。

では、その仙骨の波動の大元は何かというと、大宇宙の中真から流れてくる「生命波」なのです。

仙骨は、その生命波を受信する最重要基幹です。

なぜ最重要なのかというと、仙骨が生命波を受信することによって人間は生命活動を行なっているからです。

これは「生命の正体を握るカギは仙骨と生命波にある」と言っているに等しいわけですが、現代医学や現代科学がそのようなことを言わないのは、仙骨の真の働きを識らないからです。

究極的なことを言えば、人間は生と死を識るために生活しているのです。そして、生と死は同じでものであるというところに至ったときに、本当の悟りに達するのです。

これはコインが、表だけ、あるいは裏だけで成り立たないのと同じように、生と死も表と裏であって、両方があって成立しているということです。

一般の医者は、生と死を知らずに、病気や症状を追い回しているだけなのです。

◎仙骨と生命波と性エネルギー

四〇年ほど前、ある男性が治良を受けに来ました。当時は治良を受ける人にはうつぶせの状態になってもらい、治良が終わったら自分で起き上がってもらうシステムになっていました。

ところがその男性は、治良が終わって「起き上がっていいですよ」と言っても起き上がろうとしないのです。何度か声をかけても、モジモジするばかり……。

おかしいなと感じたそのとき、その男性は「先生、実は……」と言って、自分の失われていた男性機能が仙骨の治良で瞬時に回復したことを教えてくれたのです。思わず下半身が大きくなってしまったため、恥ずかしくて起き上がれなかったそうです。

仙骨は生命波を受信していますが、生命波というのは生命エネルギーや性エネルギーと同一のものなのです。この男性は交通事故によって生命エネルギー（性エネルギー）をうまく受信できなくなっていたところ、仙骨良法によって受信がスムーズになり、男性機能を取り戻したのです。

女性も男性も性器が仙骨に非常に近いところにあるのは、生命エネルギー（性エネルギー）を仙骨からダイレクトに受けるためです。

生理痛や、生理中の頭痛・貧血・イライラなどの不快な症状に悩む女性が多くいます。最近では生理痛の苦しみを面白おかしく描いた『生理ちゃん』という漫画が流行っているようです（映画にもなるそうです）が、ＭＲＴの仙骨良法を受けると、生命波の受信がスムーズになって仙骨の波動が高まるので、女性特有のこれらの症状も簡単に消えてしまうのです。ＭＲＴの治良で生理前の体調不良がなくなり、スッと生理が来て、スッと終わっていく。これが本来の姿なのですが、あまりにも生理が楽になったと驚いている例が、ＭＲＴには数えきれないほど多くあります。

赤ちゃんは子宮の中で逆さになってお母さんの仙骨のほうに頭を向けています。これは脳の中にある蝶形骨《ちょうけいこつ》（蝶形骨については後で詳しく説明します）でお母さんの仙骨の波動を直接受けていることを意味しています。ところが、お母さんの仙骨の波動が低くなると、赤ちゃんはそれを嫌って頭を反対のほうに向けるのです。これが「逆子《さかご》」といわれる状態です。赤ちゃんに問題があるのではなく、お母さんのほうに問題があるのです。

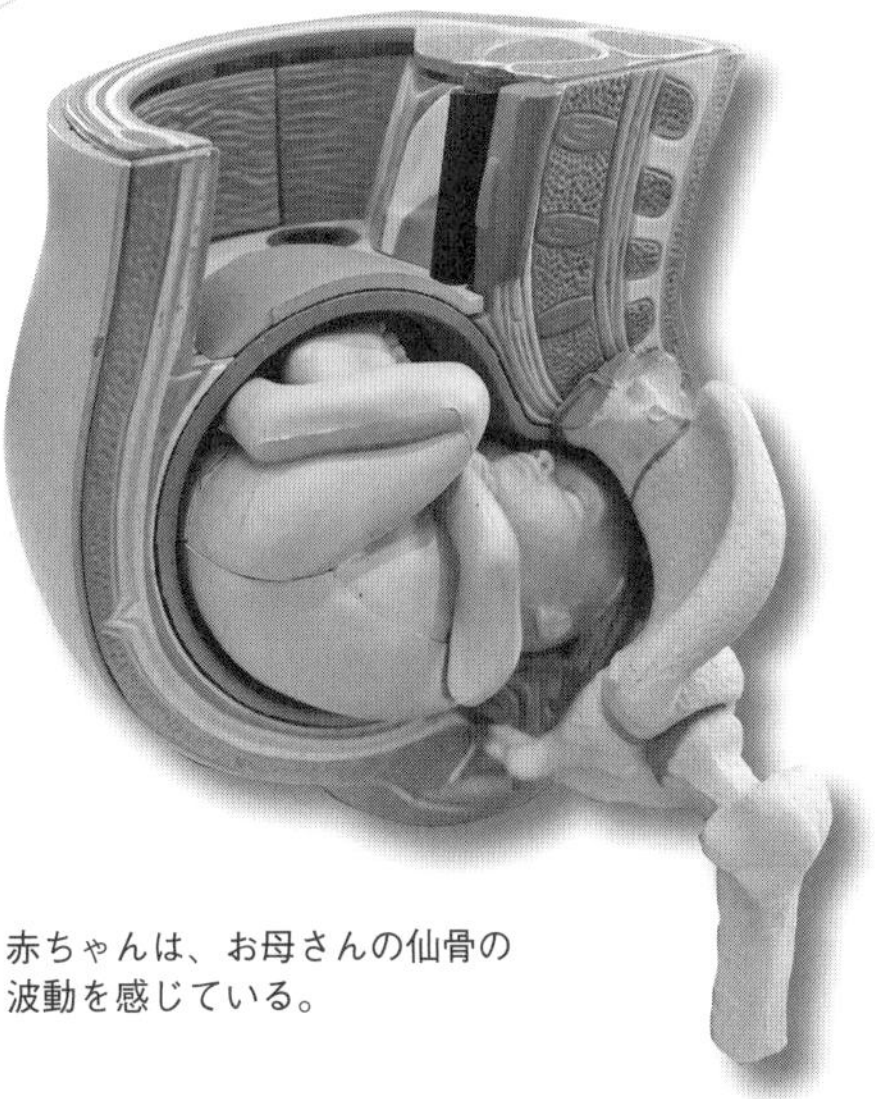
赤ちゃんは、お母さんの仙骨の波動を感じている。

逆子の状態を病院で治してもらったのに、また逆子になって病院に行くということを繰り返す人がいますが、お母さんも医者も赤ちゃんが逆子になる原因がわからないので、同じことを繰り返してしまうのです。この場合も、仙骨の治良をすることで生命波の受信がスムーズになり、お母さんの仙骨の波動が高まることで、再び赤ちゃんは頭の向きをお母さんの仙骨のほうに向けて正常な位置に戻るのです。

ＭＲＴを知っているお産婆さんは、お腹《なか》の赤ちゃんが逆子で悩んでいるお母さんが自分のところに来ると、「仙骨良法で治るわよ」と言ってＭＲＴを紹介します。お産婆さん自身が逆子を治すよりも、ＭＲＴのほうが確実で安心なので、そういうお産婆さんが何人もいます。

また、逆子というのは、お母さんと赤ちゃんの将来の関係を示していると識っておくことが大切です。逆子になる子どもは、将来必ずと言っていいほど母親と対立するのです（すでにお腹の中にいるときに逆子になって母親を困らせています）。「この子は私に逆らってばかりで困るのです」と言うお母さんに、「逆子でしたか？」と聞くと、ほとんどの方が「そうです」と答えます。これは、私のこれまでの四〇年間の臨床経験を通して言えることであり、例外は一つもありません。

ですから、逆子を産んだお母さんは、自分と子どもとの関係（因縁とも言えます）を踏まえて、感情的にぶつかり合うのではなく、よく話し合って互いを理解するように努力する

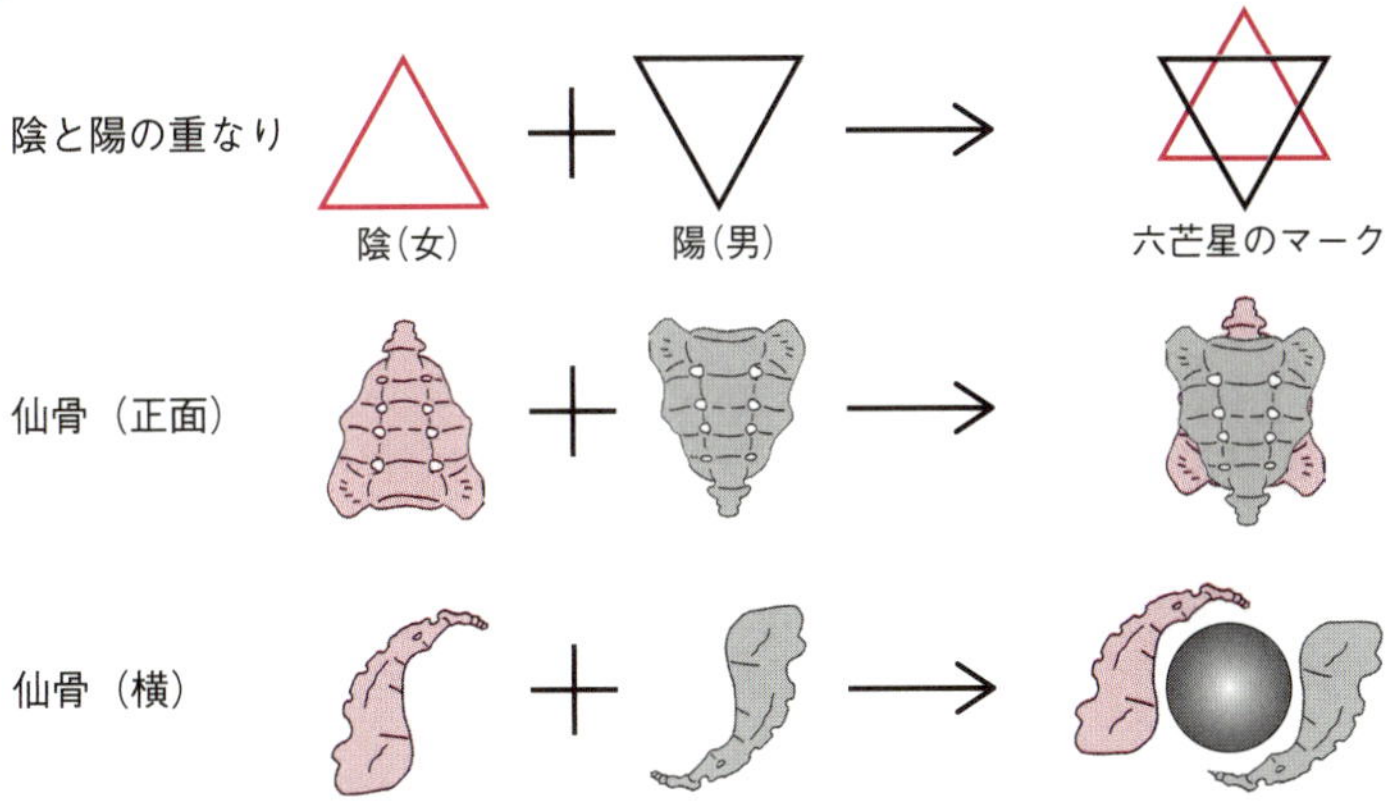

（聖なる靈を包んでいる）

必要があるのです。

このように、女性特有の症状も、仙骨と生命波の関係からひも解くことができるのです。

また、男女の交わりは、陰と陽のエネルギーが重なり合って完全に一つになることが重要であり、それを象徴しているのが六芒星《ろくぼうせい》のマークです。

仙骨はその形状から三角形で表すことができますが、六芒星が示すように、向きの異なる陰と陽の三角形が合一する姿は、人間の本質である霊魂（聖なる靈《たま》）が「善悪」に代表される二元の世界から大宇宙の中真である一元の世界へと戻る道を示していると言えるのです。

このように、仙骨には、生命の真実と大宇宙の真理に関わる奥深いものが秘められているのです。

◎仙骨を取ると人間は死んでしまう

仙骨は、人間の生命と直結する聖域と言えます。生命と直結していますので、仙骨を取ると、人間は死んでしまうのです。

以前、セミナーでこの話をしたときに、参加していた看護師の女性に、「先生はなぜそれを知っているのですか!?」と驚かれたことがあります。

話を聞いてみると、交通事故で骨盤がつぶれてしまった人が病院に運ばれてきて、そのときは命が危ぶまれるほどの容態ではなかったのに、医者が骨盤の中心にある仙骨の一部分を取ったら、すぐに死んでしまったというのです。

現代医学は、人間の本質は生命であるという視点を忘れ、人間の体を機械部品の寄せ集めのように考えているために、このようなことが起こるのです。

MRTでは、人間を一つの生命の顕れであると捉え、さらにその生命の縮図的なものが仙骨の内奥《ないおう》に収められているという真理を理解して治良をしています。

また、病気や症状は必要があって存在しているものと理解しています。つまり、病気や症状は悪いものではなく（人間は病気の裏と表を識って生命という完全なものを理解するようにいざなわれているのです）、細胞自身が体を調整しているために顕れている現象であるということです。

たとえば、眼球の水晶体が濁《にご》って物がはっきりと見えなくなる白内障という病気があります。

現代医学ではこれを単なる眼病と捉えて、濁った水晶体を超音波で粉砕して取り除き、その代わりに人工の水晶体を移植したりしますが、ＭＲＴでは、白内障も体の細胞が自らを調整している現象と理解しています。

白内障は、体が外界からの光のエネルギーを拒否していることを表しています。

健康なときは、光のエネルギーが強くても、そのエネルギーを取り入れて不自由なく生活できるわけですが、体が弱ってきたり、あるいは現実から目をそらしたいという心の働きが強くなったりすると、細胞は光のエネルギーを遮断しようとして水晶体を調整し、自ら曇らせるのです。

そのとき仙骨も歪みを生じているわけですが、仙骨を治良して元の位置に戻すと、体の細胞は再び光に耐えられるように動き出して、やがてブラインドが開くように白内障の濁りも消えていくのです。

要するに、病気や症状は体を調整するために顕れているわけですが、体の中真である仙骨を元の位置に戻すと、病気や症状による調整は不要となるので、自然と消えていくということです。

この仙骨の調整を、MRTではわずか一秒で行なっているのです。

ガタガタとうるさい音を出して振動している洗濯機を、ちょっとだけずらして安定させると、音が出なくなり、スムーズに動くようになります。仙骨良法はこれと似たようなことをしているのです。

非常に単純なことをしていると感じるでしょうが、真理というのは本来、単純なものなのです。

その反対に、現代医学は複雑なことをしています。

洗濯機の例で言えば、音と振動の原因を探すために洗濯機を分解し、「どこかに故障があるはずだ」と言いながら、さらに細かく分解するようなことをしているのです。

◎受信器とトランス（変圧器）の役割をしている仙骨

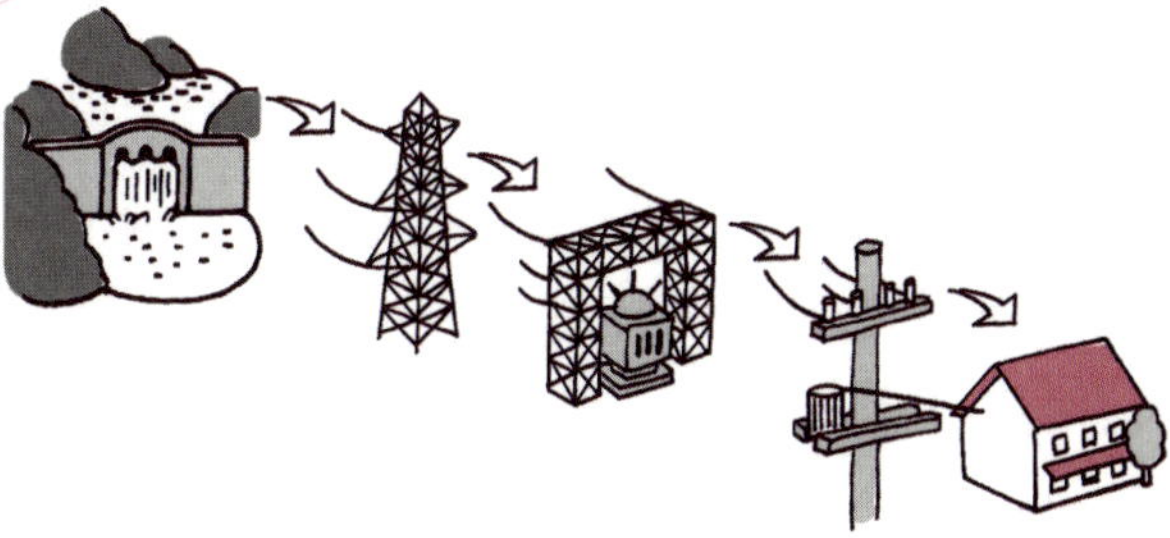

発電所から流れてくる電気は何十万ボルトもの高い電圧のため、変圧器（トランス）で電圧を下げて各家庭で使われる。それと同じように、大宇宙から流れてくる生命波は莫大なエネルギーを持っているために、仙骨で変換して人間が使えるようにしている。

およそ生命といわれるものは、すべて大宇宙から来る生命波を受信して生命活動を行なっています（もう少し詳しく言うと、大宇宙から来る生命波はいったん地球の中心に入ってきて、そこから地上に住む生き物に流れていくのです）。

脳や心臓がなくても、生命波を受信する機能があれば、生きた動きをすることができるのです。

人間の精子も脳や心臓を持っていませんが、動くことができます。生命波を受信する機能を持っているからです。生命波を受信して、それを運動エネルギーに変えて卵子を目指して泳いでいるのです。

あらゆる生物は生命波を受信して生きていますが、

人間のように高等な生物ほど高い波動の生命波を受信しています。

特に人間が受信する生命波は高圧電流のようなものですから、そのまま全身に流れれば、人間の体は一瞬にして消滅してしまいます。

そうならないように、受信した生命波のエネルギーを仙骨が調整しているのです。

これは私たちが普段使っている電気と同じです。

高圧線を通して発電所から流れてくる電気は、何十万ボルトもの高い電圧ですから、そのままでは危険で使えません。

そこで、変電所で電圧を下げ、最後には電柱上のトランス（変圧器）で一〇〇ボルトに下げられて各家庭に届けられるのです。

それと同じように、人間が受信した生命波は莫大《ばくだい》なエネルギーを持っているために、仙骨で変換して人間の肉体で使えるものにしているのです。

つまり、仙骨は生命波の受信器であると同時に、トランスの役割もしているのです。

◎二つの波動と「死」の真実

大宇宙から人間が受信している波動は、生命波だけではありません。もう一つ重要なのが智慧《ちえ》の波動です。

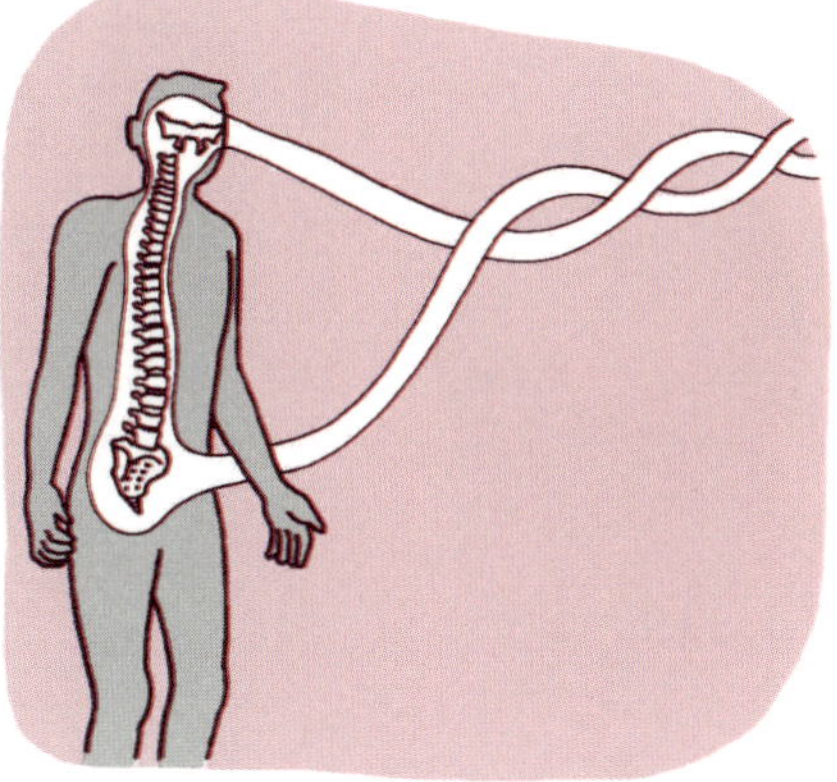

智慧の波動を受信しているのは、脳の中にある蝶形骨《ちょうけいこつ》といわれる骨です。これはその名の通り、蝶が羽を広げたような形をしています。

生命波と智慧の波動は、螺旋《らせん》状に交差しながら仙骨と蝶形骨という受信装置を通って体に入ってきます。

そして、仙骨は受信した生命波の波動を体の外側に向けて放ちながら体を活発化させ、蝶形骨は受信した智慧の波動を体の内側に向けて発しながら精神を活性化しているのです。

人間はこのように二種類の波動を受けて生命活動

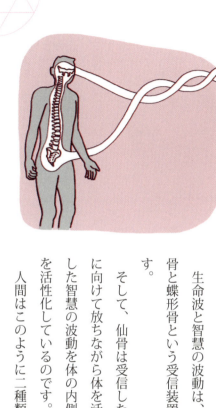

を行なっているわけですが、どちらか一方でも受信が切れると、体や精神に支障が出るのです。

仙骨の受信だけが切れると、頭は働くけれども下半身が麻痺《まひ》状態になってしまったり、蝶形骨の受信だけが切れると、体は元気だけれども頭が働かないといった状態になります。

この二つの波動の受信が切れたときが、人間の「死」です。

◎蝶形骨は仙骨の波動を受けて羽ばたいている

先ほど、蝶形骨は蝶が羽を広げたような形をしていると述べましたが、蝶形骨は実際に蝶のように羽ばたくのです。

要するに、蝶形骨は仙骨の波動を受けて、まるで呼吸をするかのように微細に振動しているのです。

蝶形骨（色の濃い部分）

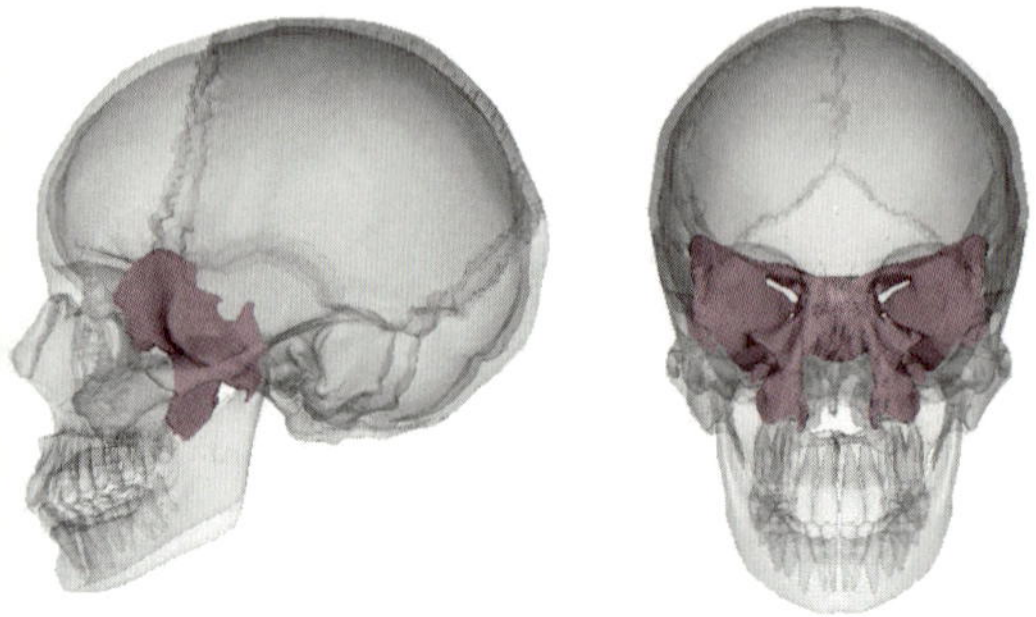

Life Science Databases〈LSDB〉より

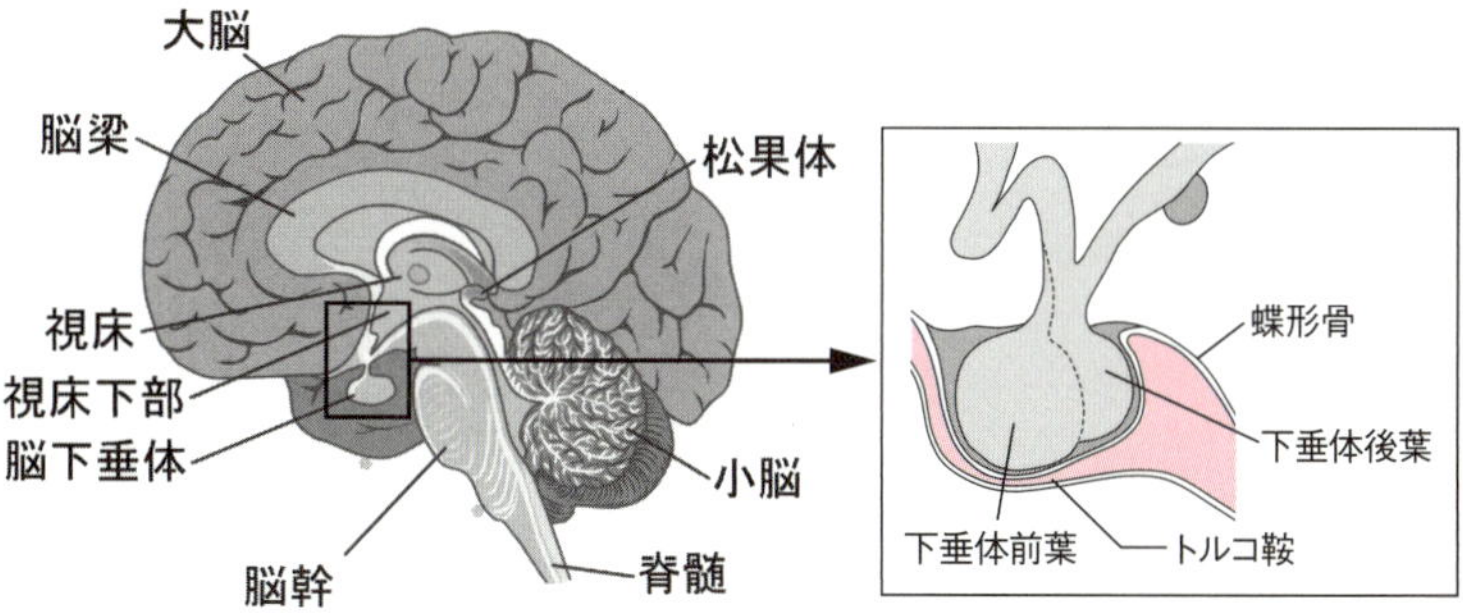

蝶形骨の中央部はトルコ鞍と呼ばれ、ここに脳下垂体《たい》が馬の鞍《くら》にまたがるように収まっています。

脳下垂体は、成長ホルモンや甲状腺《こうじょうせん》刺激ホルモンをはじめとする様々なホルモンをコントロールする重要な働きをしています。

また、脳下垂体は間脳の底部に位置していますが、間脳には自律神経の中枢があります。

ここに何らかの悪影響が及ぶと自律神経失調症となり、頭痛、めまい、不眠などが起こったり、精神面にも悪影響を及ぼすことがあります。

このように蝶形骨は、脳下垂体や間脳とつながる非常に重要な位置にあるわけですが、先ほど述べたように、蝶形骨は背骨を通して仙骨から来る波動を受けて、蝶のように羽を震わせて、間脳と脳下垂体にその波動を直接届けているのです。

慢性の頭痛で悩んでいる人がMRTの治良を受けて即座に頭痛から解放されることがよくありますが、これは治良によって仙骨の波動が高められ、それが背骨を通って蝶形骨に伝わって脳全体の波動を高めるからなのです。

◎病名がわからなくても治良ができるMRTの仙骨良法

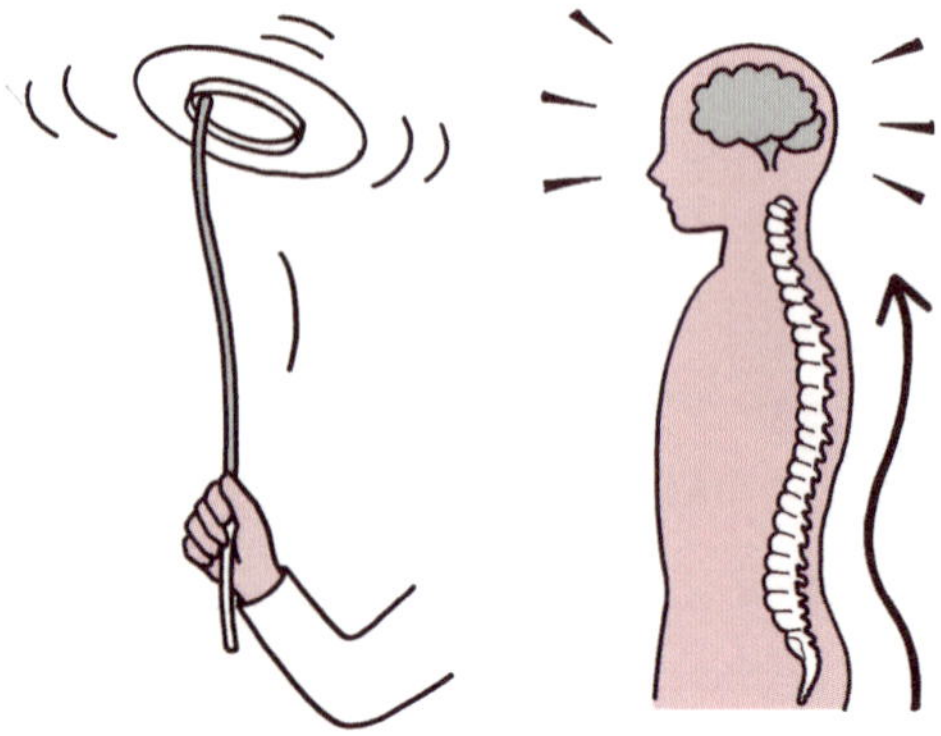

「仙骨ー脊椎ー蝶形骨」は、「皿回し」のような関係。仙骨の波動が、脊椎を通って蝶形骨に伝わる。背骨にカーブがあるのは、波動を伝えやすくするためだ。

仙骨の波動は蝶形骨に伝わり、さらに間脳と脳下垂体へ伝わり、自律神経やホルモン分泌を通じて全身へと広がっていきます。

ということは、仙骨の波動が低ければ、それが体全体に波及して病気になり、逆に仙骨の波動が高くなれば、それが病気の部位にも伝わって、もともとの元気を取り戻すということです。

MRTが仙骨だけを治良するのは、体の中真であり土台である仙骨の波動を整えることが、体の不調や病気を解消する最善かつ最高の方法であることを識っているからです。

ですからMRTでは、仙骨がどちらの方向に動きたがっているかだけを観て治良します。病気や症状そのものを相手にしません。

一方、現代医学は、病気を特定することが治療の第一歩となるため、目の前に病気で苦しんでいる人がいても、病名がわかるまでは薬一つ出すことができません。病気が特定できて、やっと治療方法を検討することができるのです。

これは、病気を相手に治療をする現代医学と、病気という現象を表している生命そのものを相手にしている仙骨良法の大きな違いでもあるのです。

◎仙骨は体の隅々にまで情報を送っている

仙骨の波動が全身に伝わるという話をしましたが、人体の神経系統を見ても、仙骨が体全体と深く関わっていることがわかります。

仙骨には仙骨孔《せんこつこう》と呼ばれる八つの穴があります。しかし、仙骨に穴が開いていることは、あまり知られていません。

四〇年ほど前に私がセミナーを開いたときに参加していた現役の医師たちは、人体に詳しいはずですが、「へえ、こんなところに穴があるなんて知らなかった」と言っていたくらいです。

この穴を神経が通っているのですが、こういう穴を持っている骨は仙骨しかありません。図を見るとわかるように、多数の神経が仙骨を中心として密集しています。

仙骨を伝って上に伸びる神経は、脳や延髄《えんずい》などの中枢神経につながっています。この中枢神経から分かれて、全身の諸器官や組織に分布しているのが末梢《まっしょう》神経です。

このように神経系のつながりを見ると、体の中真である仙骨が中枢神経や末梢神経を通じて体の細部の情報まで把握していることや、逆に仙骨が、自らの情報を末端まで届けていることがわかるでしょう。

図を見ると、非常に太い神経が仙骨から二つに分かれて下のほうに伸びていますが、これは人体の中で最も太い坐骨《ざこつ》神経です。

坐骨神経といえば、すぐに「坐骨神経痛」が思い浮かびますが、坐骨神経痛の人は、仙骨の穴を通っている神経が穴の縁に直接触れてしまうために、しびれや痛みが生じるのです。

腰と仙骨部分には神経が密集している

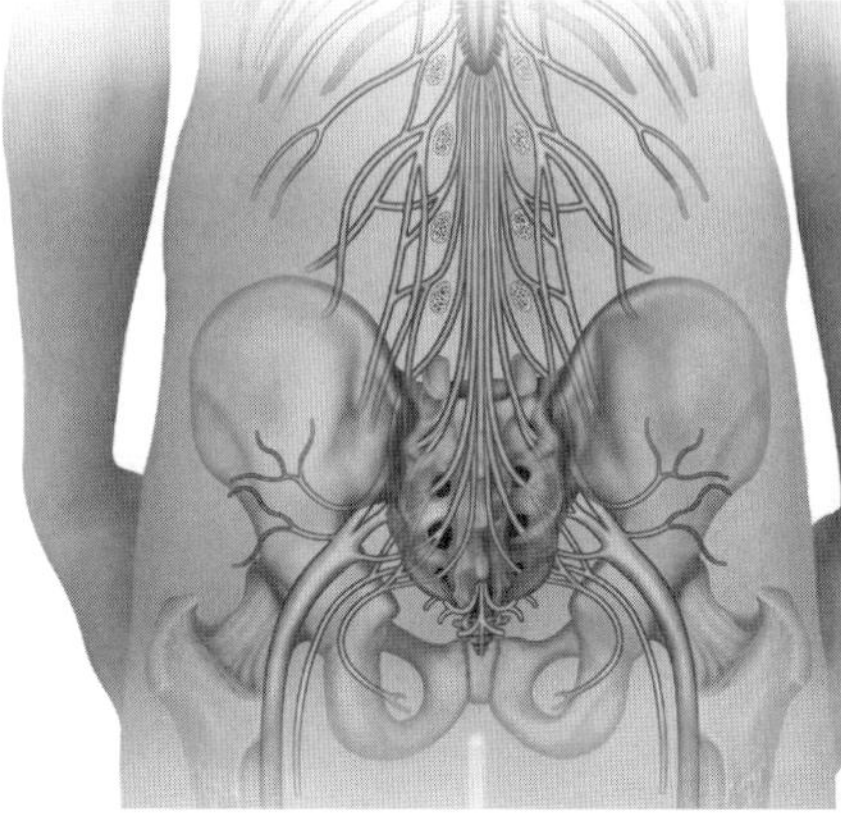

©shutterstock

　ですから、仙骨を調整して、仙骨の穴を通っている神経が穴の周りの骨にぶつからなくすれば、神経痛の症状も消えてしまうのです。

　坐骨神経痛というと、腰の付近だけに感じる痛みだと思っている人も多くいますが、坐骨神経は仙骨から足のつま先まで伸びているので、太もも、ふくらはぎ、足の先など広範囲に症状が顕れるのです。

　病院ではブロック注射を打って痛みを一時的に抑えたり、ブロック注射が効かない場合は手術を勧められますが、ＭＲＴでは仙骨をわずか九ミリ落下させて仙骨が動きたがっている方向へ動かすだけで、簡単に神経痛の症状などは消すことができるのです。

ちなみに、椅子に座れないほど強度の座骨神経痛が改善された女性の体験談があるので、ご紹介しましょう。

「強度の座骨神経痛がMRTによって改善された」（T・Yさん　五〇歳　女性）

二〇一九年の四月中旬頃、右の臀部《でんぶ》から太もも、膝裏《ひざうら》、足先にかけて突っ張り感を感じたので、整形外科を受診したところ、坐骨神経痛の診断を受けました。

二軒の整形外科にて、鎮痛、消炎のシップ、塗り薬、痛み止めの内服薬と牽引《けんいん》、三種類の内服薬、電気治療を受け、さらに二軒の整骨院にて、インナーマッスル、筋膜を緩める治療と梨状筋《りじょうきん》（股関節《こかんせつ》を支える筋肉）、大臀部《でんぶ》のマッサージを受け、さらに高周波治療にも通いましたが、満足のいく効果は感じられませんでした。五月初め頃には、何とか歩行は可能なものの、右下半身がしびれ、麻痺、突っ張り感で全く椅子に座れない状態になってしまいました。

五月二九日、MRTの治良を受け、初回で全く椅子に座れなかった状態から座れるようになり、座っても右の臀部や足があまり痛くなくなり、MRTの効果を実感しました。その後は二〇回目（二カ月半）くらいまでは痛みやしびれが「引いては出る」という症状を繰り返し、一進一退の状況が続きました。

仕事中、我慢できないときは病院で処方された鎮痛剤を内服し、なんとか痛みをごまかす日々でしたが、二三回目の治良で完全に服薬を中止することができました。たとえるなら、ピーク時の症状の一〇分の一程度に症状は収まっていました。

さらに、治良を重ねるごとに坐骨神経痛は改善の方向に向かって行くことが実感できました。

◎仙骨は体全体のバランスを常に保つ、あなたの「守護神」である

仙骨は他の二〇五本の骨（一般に成人の場合は二〇六本の骨があります）と全く違った働きがあり、体全体のバランスを常に正常に保つ、いわば守護神的な役割を担っている特別に重要な骨なのです。

仙骨がどのようにしてバランスを取っているかというと、わかりやすい例で言えば、体を右に傾けたとき、仙骨は体全体が倒れないように左に傾いてバランスを保つのです。

それは大きな動きだけではありません。たとえば手を伸ばしてコップを持とうとする小

さな動きにも、手で帽子を取るときも、箸《はし》を使ってご飯を食べるときも、ペンを持つときも、仙骨は微細な動きをしながら常に体全体のバランスを取っているのです。

つまり、仙骨が今ある位置が、体全体にとって最も適した状態を作り出しているということです。

ですから、仙骨だけを見ると歪んでいるように見えても、それは仙骨自らの絶対意思で変位（ズレ）を作って体全体のバランスを取っている状態というわけです。すなわち、仙骨のズレがあっても悪いことではないわけです。

背骨が曲がっている人や、頭部が曲がっている人、鼻筋や口元が曲がっている人がいます。こういう場合も、仙骨が変位を作ってそのバランスを保っているから曲がっているのです。

ですから、背骨だけをまっすぐにしたり、頭や鼻筋や口元だけをまっすぐにすると、全体としてバランスが取れなくなり、仙骨はさらに変位して、大きくバランスを取り直そうとしますから、ほかの部分に新たな歪みを作り出すことになります。

カイロプラクティックや整体などでは、「背骨が曲がっているからまっすぐにしましょう」などと言って無理やりまっすぐにしようとしますが、これはプロとは言えません。体の一部分だけを見て、全体を見ていない顕れなのです。

ＭＲＴでは、体の中真である仙骨を調整するだけで、背骨の歪みや鼻筋や口元の歪みが正される例が非常に多いものですが、これは、体の様々な歪みの大元である仙骨に無理なく働きかけているからです。

◎完全骨折も手術なしにきれいにつながった！

ＭＲＴでは、仙骨が常に体全体のバランスを取っていることをよく理解しているので、骨折に対する考え方も現代医学と大きく異なっています。

二〇一八年の夏に私の弟子が転んで腕の尺骨《しゃっこつ》を完全骨折したのです。医者は手術を勧めましたが、それに応じず、仙骨良法だけで骨折した部分がきれいにつながりました。このような例がＭＲＴには数多くあります。

ちなみに、骨折は悪い現象に見えますが、もしも骨折しなければ、転んだときの強い衝撃を体全体が受けて、命にかかわる状態になっていたかもしれないのです。それを避けるために、腕の骨が自ら折れることで衝撃を吸収し、生命を守ったと言えるのです。つまり、

骨折の回復事例

①骨折後　2018年８月27日

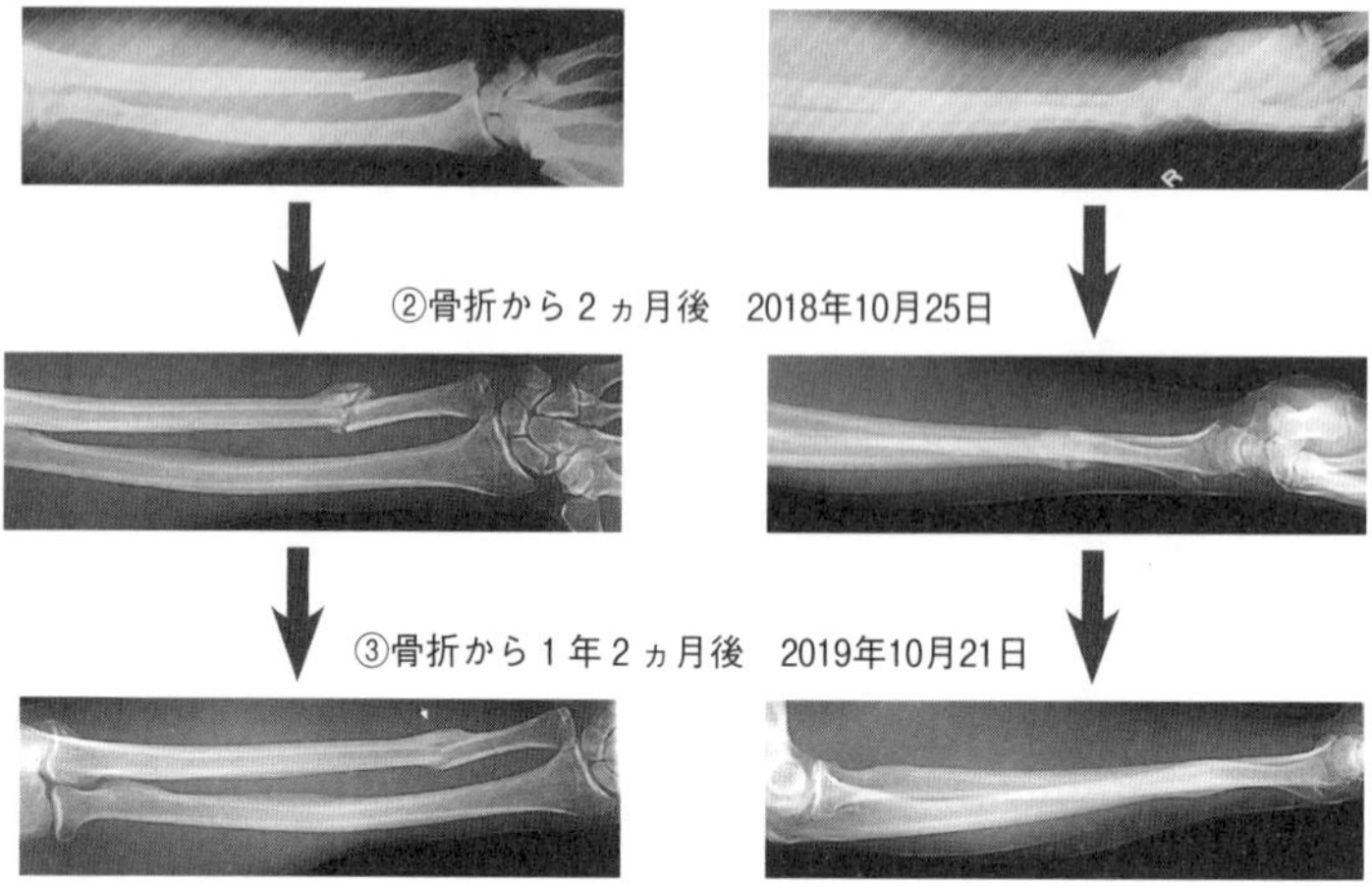

②骨折から２ヵ月後　2018年10月25日
③骨折から１年２ヵ月後　2019年10月21日

骨折することでバランスを保っているということであり、そのときに中真的な働きをしているのが仙骨なのです。

また、たとえば、交通事故などで首を痛めた人に、整形外科医や治療家が頸椎《けいつい》の牽引療法を施すことがありますが、真実は、そのままの状態で仙骨が瞬間的に体全体のバランスを取っているのですから、そのまま動かないほうがいいと言えるのです。

痛みが出ているということは、仙骨が細胞に働きかけて頭脳に痛みのサインを出して、「動かないでじっとしていなさい。その間に修復しますよ」と教えている現象なのです。体の痛みは仙骨と細胞からのサインであり、必要があってサインを出しているのです。

そのサインを無視して、痛み止めの注射などを打って無理やり動いてしまうと、そのときはよくても、結局、症状がさらに悪化することが多いのです。

たとえば、手術をするときに、麻酔をかけた手術の術後と、麻酔をかけない手術の術後が大きく異なることをご存じですか。もちろん、麻酔をかけないほうが治りが早いですし、化膿などの症状が出ることも少ないのです。このことは医療関係者も知っています。

◎人間は病気や症状を出してバランスを取っている——水頭症の症状が消えた

医者や治療家は、人間を設計した絶対法則の意図をわからずに治療をし、かえって体に負担をかけるようなことをしてしまうことが少なからずあります。絶対法則の意図がわからないのは、法則を無視した傲慢《ごうまん》なやり方をするからです。「医者が病気を治してやるんだ」といった傲慢な気持ちを捨てて、もっと法則に謙虚にならなければなりません。

一見すると、病気や症状は悪者に見えますが、それを出すことでバランスを取っているのです。病気や症状によって生命が保たれているのですから、ありがたい存在なのです。

しかし、バランスが取れているならそれでいいかというと、病気や症状を抱えている本人は苦しんでいるのですから、そういうわけにはいきません。

一九八六年一一月、今から三三年前のことですが、国立京都国際会館で「第一回MRT学会」を開催しました。このときに、当時MRTの仙骨治良を私からまなんでいた人たちに自らの治良体験を発表してもらったのですが、その中に難病である水頭症（髄液が脳に溜まる病態）の女性の症状が仙骨良法で消えた例がありました。

成人の女性で、頭囲が七八センチと非常に大きく、美容院でパーマをかけてもらうときに頭を覆うお釜（ドライヤー）に頭が入らないほどだったそうです。

発表者は私からMRTの治良法をまなんでいた鍼灸《しんきゅう》師の方で、その女性に仙骨良法を施したところ、あれほど大きかった頭囲が五八センチまで小さくなって女性が大変喜んだことを報告し、MRT学会に参加した人たちも、外科手術なしに水頭症の症状が消えたことに驚きを隠せませんでした。

この例を出したのは、この女性の頭囲が七八センチあったときが異常で、五八センチになったのが正常だというわけではない、ということを識ってもらうためです。

つまり、頭が大きかったときは、この女性の体は、頭を大きくして全体のバランスを取っていたということです。そして、仙骨良法によって、体のバランスの中真である仙骨が位置を変えて、小さな頭でも全体のバランスが取れるように調整したわけです。

この例に限らず、先ほど述べたように、病気や症状はそれがあって全体でバランスを取って生命を維持しているのが人間であり、その中真的役割をしているのが仙骨なのです。

ＭＲＴでは、瞬間的に腰の部分をＭＲＴテーブルで九ミリ落下させることで、仙骨が本来動きたい方向に動いていることを四〇年間で確認しています。それによって、病気や症状は不要になるので、自然と消えていくのです。

このように、人間の体はきちんとした法則にのっとって動いており、その中真に仙骨が存在しているのです。つまり、ＭＲＴは法則を識ったうえで治良を行なっているということです。

一般の治療は、痛みがなくなればいい、悪いところだけ治せばいい、という考えのもとに行なって全体を観ていません。それは法則を無視していると言えるでしょう。これは天に逆らっているのと同じことなのです。だから、病気を根本から消すことができない現状に至っているのです。

◎脳がなくても生きている人がいる——脳を脳たらしめているのが仙骨だ

仙骨の重要性をいろいろと述べてきましたが、「仙骨よりも脳のほうが大事だ」と言う人もいるでしょう。人間の体をコントロールしているのは脳であり、脳がなければ人間は生きていけないと信じている方には、衝撃の事実をご紹介しましょう。

脳がない状態で生きている人がいるのです。

一九九七年に出版された『ロスト・クレイドル』（筑摩書房）という本の中で、「大変優秀な数学の学生で、しかもスポーツマンで、普通の青年だった」というケンブリッジ大学の学生の話が紹介されています。

この学生は、ラグビーの試合でケガをして脳震盪《のうしんとう》を起こし、CTスキャンで脳を撮ってみたところ、脳の中が空洞だったというのです。

また、二〇〇七年七月に出版されたイギリスの医学ジャーナル誌『ランセット』には、フランスのマルセイユの病院にやってきた四四歳の男性が紹介されています。

この男性は左足に麻痺《まひ》が生じていたため、医者が脳疾患を疑って脳内を調べたところ、

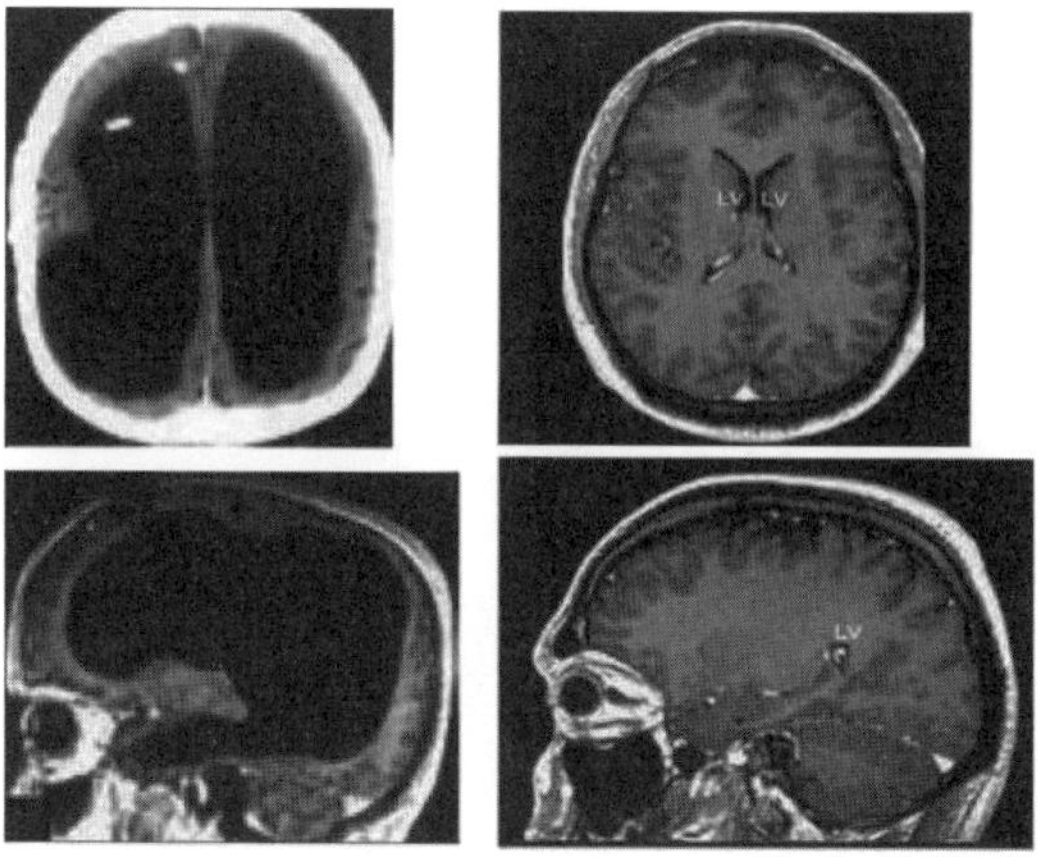

英医学誌『ランセット』に掲載された、空洞の多い男性の脳の写真。右は正常な脳。

脳の中がほとんど空洞だったのです。脳がなかったにもかかわらず、二人の子どもを持つ公務員として普通に生活をしていたことが記されています。

世界を見渡すと、このような例がいくつもあるようですが、いずれにしても、脳がなくても生きているということは、人間の生命を司《つかさど》っているのは脳ではないということがわかるでしょう。

このように脳がなくて生きている人はいても、仙骨がない状態で生きているという人はいません。仙骨は、人間を人間たらしめる特有の波動を作り出しているところなのです。

また、ニワトリのケースですが、頭そのものがない状態で一年半も生きた事例があるので、

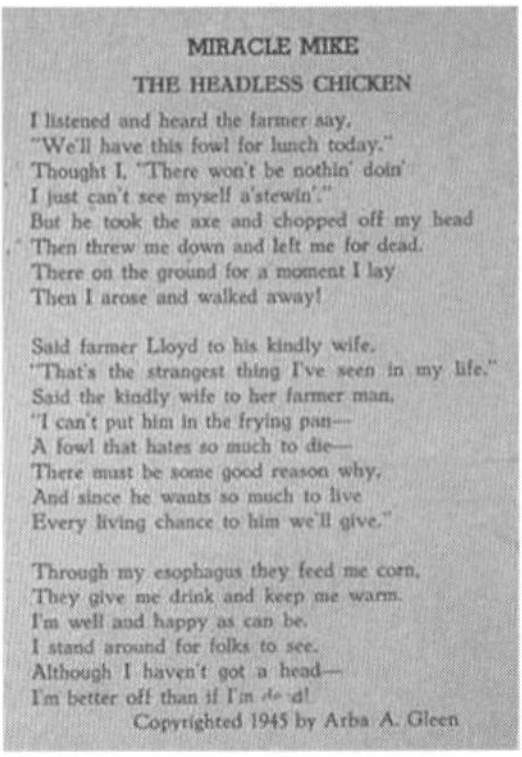
MIRACLE MIKE

THE HEADLESS CHICKEN

I listened and heard the farmer say,
"We'll have this fowl for lunch today."
Thought I, "There won't be nothin' doin'
I just can't see myself a'stewin'."
But he took the axe and chopped off my head
Then threw me down and left me for dead.
There on the ground for a moment I lay
Then I arose and walked away!

Said farmer Lloyd to his kindly wife,
"That's the strangest thing I've seen in my life."
Said the kindly wife to her farmer man,
"I can't put him in the frying pan—
A fowl that hates so much to die—
There must be some good reason why,
And since he wants so much to live
Every living chance to him we'll give."

Through my esophagus they feed me corn,
They give me drink and keep me warm.
I'm well and happy as can be,
I stand around for folks to see.
Although I haven't got a head—
I'm better off than if I'm dead!

Copyrighted 1945 by Arba A. Gleen

奇跡のマイクとして『LIFE』誌でも紹介された。

ご紹介しておきましょう。

　そのニワトリは一九四五年頃にアメリカのコロラド州で飼われていたマイクという名前で、首を切られたにもかかわらず何日も生きたことから有名になり、やがてアメリカ中に知れ渡ったといわれています。

　頭のないマイクは自分でエサを食べることができなかったので、のどから管を通して、スポイトを使って水や流動食を与えられて生きながらえたそうです。

　ニワトリの生命も、脳ではなく仙骨が司《つかさど》っているのです。

　動画サイト「ＹｏｕＴｕｂｅ」には、マイクと同じように頭のないニワトリが動いている映像も公開されていました。削除されていなければ見られると思います。

◎仙骨のない人はいない

もう三〇年以上も前の話ですが、「スケボーに乗った天使」としてテレビなどで紹介されたケニーという少年がいます。下半身がなく、いつも上半身をスケートボードに乗せて遊んでいるという話でした。

ある人が「ケニー少年には仙骨がないのでは？」と私に聞いてきたのですが、仙骨がなければ生きていられないことを私は識っているので、「絶対に仙骨はある……」と言ったのです。

その時点では確かめるすべはありませんでしたが、その後、ケニー少年が来日する機会があり、そのとき彼の世話と通訳をした私の元妻から、「ケニー少年には腰骨も尾てい骨もありました」と直接聞いたのです。「ケニー君を何度も抱きかかえたことがあるからわかるのです」と言っていました。

腰骨と尾てい骨があるならその中央に仙骨もなければ成り立ちません。それに、ケニー少年はトイレは自分でするのですから、彼の体には性器や肛門が付いていたことは明らかです。

また、私は、生まれながらに仙骨の一部が欠如している女性を識っています。

その女性は、私が姫路で治良をしているときに来られた方で、持参したレントゲン写真

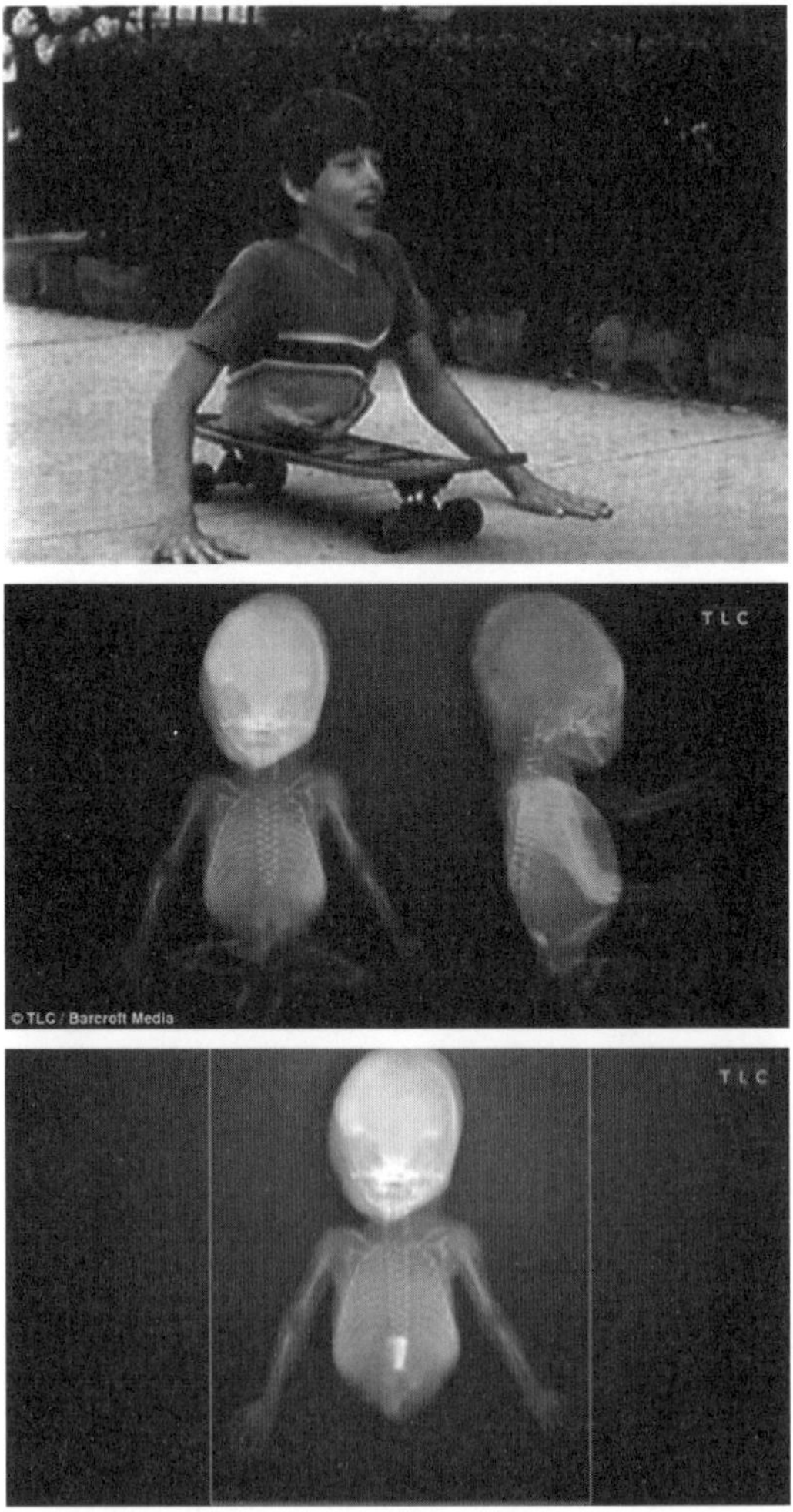

ケニー少年は生まれたときから未発達なまま折れ曲がっていた足を、１歳半のときに切除したといわれている。結婚し、子どもも授かり、2016年、42歳で亡くなった。

を見ると、仙骨の3番から5番（36ページの仙骨の図を参照）が大きく欠如していました。

話を聞くと、仙骨の部分に大きなコブがあり、結婚を前にみっともないという理由で整形外科で切除してもらったところ、精神のバランスを大きく崩し、精神病院で入院生活を送っていたと言うのです。

ところが、しばらくして仙骨の辺りの肉が自然と盛り上がってきて再びコブができたら、精神状態が安定し、一年後に退院できたということでした。

その女性は、仙骨のところにあるコブを取ったことが精神のバランスを崩した要因ではないかと考えていたところ、私が書いた本（『神秘の骨「仙骨」に無痛ショックを与えると病気は消える――究極の瞬間健康法』〈徳間書店〉）を読む機会があり、自分の考えを確かめるためにMRTにやってきたのです。

仙骨の一部分を切除された患者が亡くなった話を前述しましたが、この女性の場合は、生まれながらにして仙骨の欠けている部分をコブ（固い脂肪）が代用することで生命と精神のバランスを取っていたのです。

それがわかったので、私はその女性に仙骨の重要性を説いたうえで、「そのコブを絶対に取ってはいけませんよ」とアドバイスをし、その方も十分に納得して帰っていかれました。

仙骨は少しでも欠けると、体と精神のバランスを取るという本来の働きができなくなります。仙骨は肉体的にも精神的にも最重要の骨なのです。そのことを私に理解させるために、私に啓示を授けた大いなる存在は、その女性を私に遣わしたのです。その一件以来、私はさらに仙骨に信頼を置いて治良に専念したことは言うまでもありません。

◎「瞬間」「無痛」の仙骨良法はこうして行なわれている

実際にＭＲＴの治良オフィスではどんな治良をしているか、ここでご紹介しておきましょう。

前に「仙骨は触れてはいけない骨である」と言い伝えられてきたことに触れましたが、私たちはその言葉通りに、仙骨に直接触ることなく治良をしています。

なぜなら、これまで述べてきたように、仙骨は生命の根源的なもの（それを「魂」と言ってもいいでしょう）が宿る神聖な場所だとＭＲＴでは理解しているからです。本当に触れてはいけない骨なのです。

最近はＭＲＴオフィス以外にも仙骨を扱う治療家がいるようですが、そこでは仙骨に触れたり圧迫を加えたりしていると聞きます。

治療家本人は患者さんのために良かれと思って自分なりの治療をしているのでしょうが、仙骨の持つ重要性は、人間の浅い考えでは捉えきれないほど深いので、むやみやたらに触れてはならないのです。

では、ＭＲＴでは仙骨に触れずにどのように治良をしているかというと、まず、水素（水素については第三章で詳しく説明します）を五分間吸った後に微弱な磁気を持つリーディングペンシル（リーディングとは仙骨の変位を読み取ることです）を使って、仙骨のわずかな変位（ズレ）を正確に読み取ります。

普通の治療であれば仙骨をどの方向へ動かすかを考えるところを、ＭＲＴでは、リーディングによって、仙骨がどの方向へ動きたがっているかを識るのです。

次に、専用のＭＲＴテーブルに仰向けに寝てもらい、腰骨《こしぼね》の部分を九ミリ落下させます（テーブルは九ミリ落下しますが、仙骨自体は一ミリにも満たない極小の動きで治良が完了します）。

その間、わずか一秒。それで治良は終わりです。

初めてＭＲＴの治良を受けた方は、「えっ？　これで終わり？」と皆さん一様に驚かれ

MRTの治良手順

①水素摂取

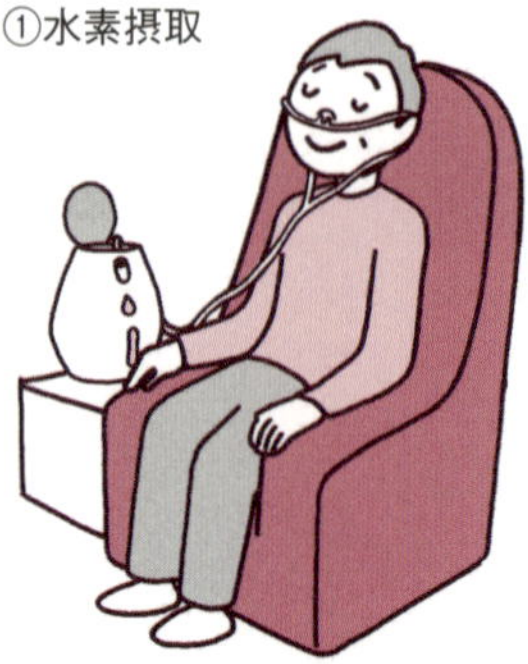

治良の前に水素を摂取することで細胞が柔らかくなり、より治良の効果を高める。

②リーディング

リーディングボードに向かって立ってもらい、微弱な磁気のペンシルを干渉させて仙骨の変位を正確に読み取る。

③アジャスト

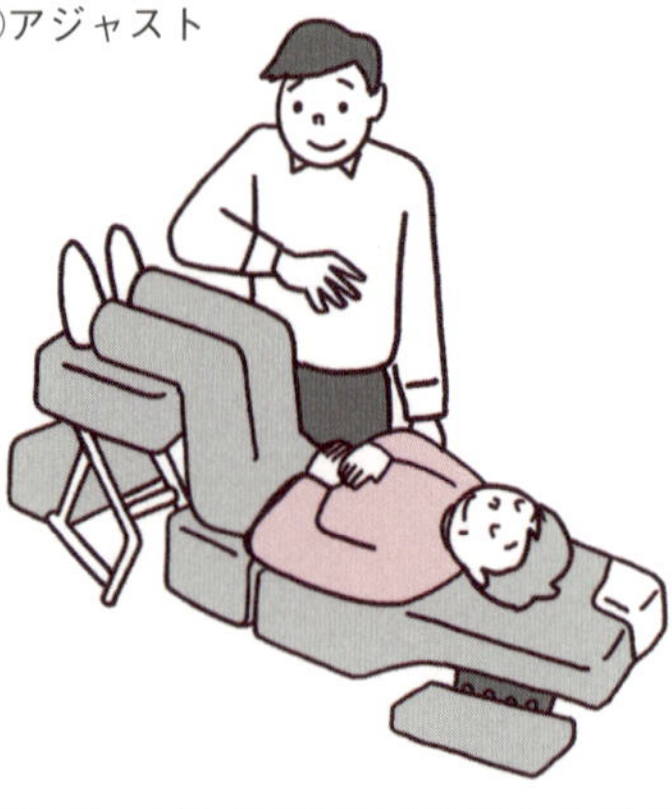

MRTテーブルに仰向けに寝ていただき、足の部分を上げ仙骨の動きたい方向に角度を合わせて調整（アジャスト）する。わずか9ミリの自然落下なので瞬間・無痛のうちに終了。

④アップル・センコツくんⅡに乗る

調整した仙骨の治良効果をさらに高めるために『アップル・センコツくんⅡ』に4分間乗る。

るのですが、そのわずか一秒で仙骨は本来の智空を出す方向へと調整されるのです。仙骨自身が、動きたい方向に動くと言ってもいいでしょう。

落下の際にテーブルが「ガチャン」と音を立てますが、音が大きいだけで、テーブルに乗っている人は痛みを感じることはありません。

ですから、ＭＲＴの治良は幼児から老人まで、また妊婦の方も安心して受けていただけます。

仙骨の治良の後に、『アップル・センコツくんⅡ』に乗っていただきます。センコツくんの踏み板の上に直立すると、「カタン、カタン」という心地よいリズムとともに、かかとから仙骨へ、さらに仙骨から背骨を通って蝶形骨へと快適な波動が伝わり、全身へと波及していきます。

『アップル・センコツくんⅡ』は、一回四分間を基本単位としています。地球は一日二四時間で三六〇度回転していますが、四分間というのは地球の自転角度がちょうど一度変化するために要する時間です。地球上に住む我々人類にとっても、変化していくために必要な最小単位の時間ということで、『アップル・センコツくんⅡ』にも設定されているのです。

◎仙骨良法は病気や症状を相手にしない治良法

MRTの仙骨良法は「仙骨一カ所・瞬間・無痛」という大きな特徴を持っているわけですが、「病気や症状そのものを相手にしない」という点も、他の治療法と大きく異なっているところです。

症状のあるところや病気だけを見てそれにとらわれるのではなく、仙骨一カ所だけを瞬間で調整するのです。

これによって仙骨の波動が高くなり、その高まった波動が、池に投げた小石が作る波紋が一点から池全体へと広がっていくように、仙骨を通して体全体へと送られて、全身のバランスを整えるのです。

その結果、病気や症状は必要なくなり、消えていくのです。

仙骨を調整することで、すべての不調や病気が消えるということは、あらゆる病気を治す神のような〝超〟名医を、地球上に住むすべての人が初めから自分の中に持っているということです。

◎MRTの治良によって私自身が脳梗塞《のうこうそく》から蘇《よみがえ》った

次の脳の写真は、私が四六歳のときにＭＲＩ（核磁気共鳴画像法）で撮ったものです。

矢印が示している箇所は、脳幹の中央、延髄付近に生じた脳梗塞の痕《あと》で、そら豆ぐらいの大きさであることがわかります。

延髄は、生命を維持する上できわめて重要な中枢がある器官で、自律神経の核となる部分です。

ある総理大臣の主治医でもあった脳外科の医師は、

「この部分に梗塞が生じると、絶対に即死するはずです」

と、私のレントゲン写真を見て言いました。

三〇年以上にもわたって脳外科を専門にしてきた中で、私のように延髄付近に梗塞が生じたにもかかわらず生きている例は見たことがないと言うのです。

生きている私を目の前にしながらも、「この人は死んでいるはずだ」と言い張るので、私は閉口したことを覚えています。

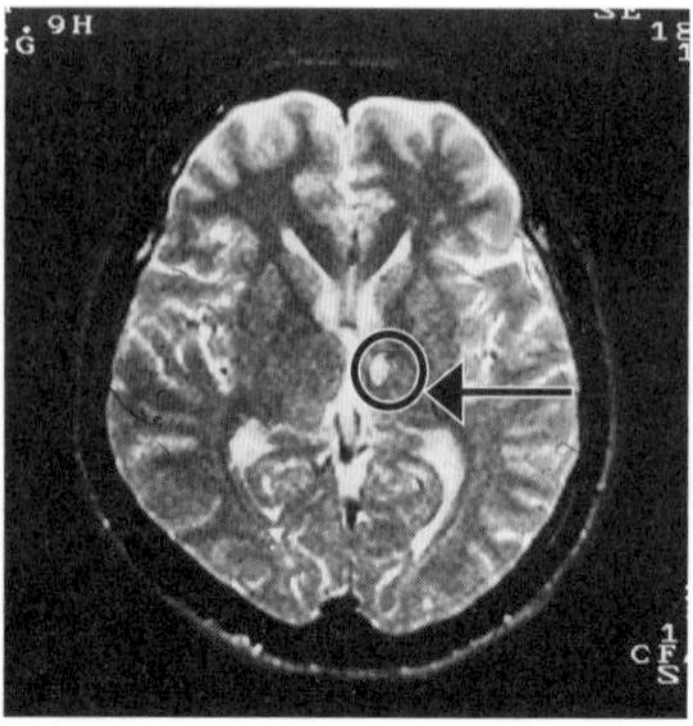

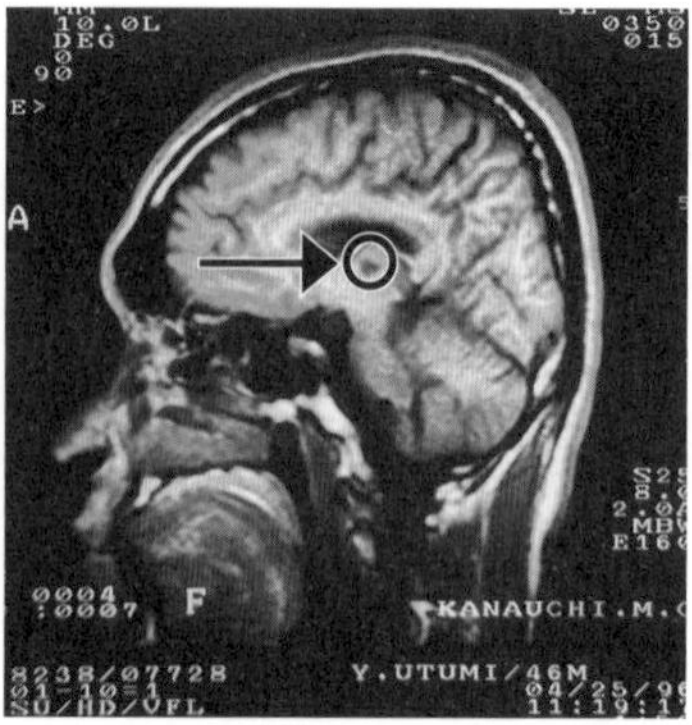

著者の脳のMRI写真。矢印が示している白い部分が脳梗塞の痕。延髄のすぐそばなので、本来は即死していたところだが、30年以上経った今でも後遺症もなく、健康体である。

私が倒れたのはその（MRIを撮った）一年半前なのですが、延髄付近に起きた脳梗塞なのに、体は思うように動かなかったものの、意識はしっかりしていました。

倒れる前も倒れた後も、私が続けていたのは仙骨良法だけなのです。

結局私は、普通なら即死するはずの脳梗塞に襲われながらも、仙骨の治良によって命を救われ、しかも後遺症として障害が残ることなく七〇歳近くになる現在も、すこぶる元気で過ごしているというわけです。

ある人はそれを「奇跡」と言いましたが、私のように脳梗塞から回復した方はMRTにはたくさんいます。

すべての人類は自分自身の中の仙骨によって救

われているのです。仙骨がない人はこの世に一人もいません。そして大事なことは、病気の原因も、その治し方も、すべて仙骨という〝超〟の付く名医が識っているということです。

それにもかかわらず、ほとんどの人が自分自身の仙骨の存在に気づくことなく、体の調子が悪くなるとすぐに医者や薬に頼ってしまうのですから、仙骨自身も「私がここにいるのに……」と、歯がゆい思いをしているに違いありません。

頼るべきものは自分の中真にある仙骨なのです。その真実を知らしめることがＭＲＴの大きな役割でもあるのです。

さて、次章からは、仙骨に備わっている中真感覚で選んだ健康増進・回復のための三つの促進要素を紹介していきます。いずれも、根本である仙骨が高い波動を出していなければ、効果は半減してしまいます。それを忘れないでください。

あくまでもあなたの中真は仙骨にあるのです。

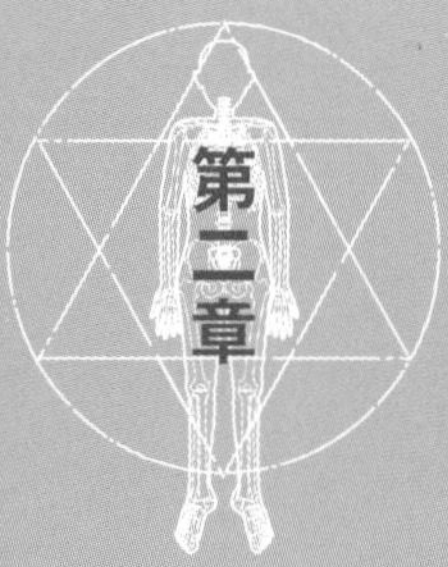

第二章

仙骨良法の促進要素①

生命活動に欠かせない強力な助っ人「酵素」

◎中真感覚が選んだ酵母飲料

前章では、MRT《マート》の仙骨良法について述べましたが、その仙骨良法の促進要素として最初に挙げるのが「酵素」です。

正確に言うと、私が推奨するのは「大量の酵素を生む酵母飲料」なのですが、「酵素」と「酵母」は言葉が似ていることから、混同しないようにわかりやすく説明していきます。

「中真感覚で選んだものは間違いがない」という話を前にしましたが、この酵母飲料も、私が試飲したときに細胞が喜び、中真感覚が「これは良いものだ！」と認めたものなのです。

私が最初にこの酵母飲料に出会ったのは三一歳の頃ですから、今から三八年ほど前のことになります。以来、特に胃腸の働きを気にしている方にお勧めして、非常に喜ばれているものです。

◎体の中で大事な働きをしている「酵素」

まずは、酵素の話です。

現在、いろいろな種類の酵素飲料や酵素サプリメントが出回っています。「生きた酵素を摂ると若返る、痩《や》せる」といったフレーズに、つい惹《ひ》かれてしまう人もいるでしょう。

しかし、酵素は生き物ではなく、命を持たない単なるタンパク質ですから、「生きた酵素」というものは存在しません。

「食べたものが消化されるのは、消化酵素が生きているからでは？」と疑問を抱く人もいるでしょう。

たしかに食べたものを消化するときには消化酵素が働いていますが、生きた酵素が消化を行なっているのではありません。酵素は触媒としての働きをしているだけなのです。

たとえば、「アミラーゼはデンプンを消化する酵素だ」と、一般に言いますが、アミラーゼという酵素がデンプンを消化するのではなく、正確に言えば、「アミラーゼはデンプンの分解を助ける触媒である」ということになります。

では、触媒とは何かという話になりますが、辞書で調べると、「それ自身は変化しないで化学反応を促進する物質のこと」と書いてあります。

この説明ではよくわからないので、体と消化の関係で見ていきましょう。

人間は、米や小麦、肉、魚、野菜などの食物から栄養分を摂って活動しています。

食べたものをエネルギーに変えているのですが、食べ物がそのままエネルギーになるわけではありません。また、食べたものがそのまま肉や血液になるわけでもありません。

食べたものを一度分解してから体内に吸収し、その分解した材料から必要なものを作り出しているのです。

その分解作業が「消化」です。

食事をすると、体内では、米や麦などの炭水化物はブドウ糖に分解されます。

肉や魚などのタンパク質はアミノ酸に分解されます。

脂肪は脂肪酸に分解されて、体内に吸収されます。

この分解にはそれぞれの反応に適した消化酵素が働いていますが、消化酵素そのものは何かに変化するということはありません。ただそこにいることで、消化反応が促進されるのです。

様々な消化酵素と働き

消化器官	消化液（消化酵素）	炭水化物（デンプン）	たんぱく質	脂肪
口	だ液（アミラーゼ）	○		
胃	胃液（ペプシン）		○	
十二指腸	胆汁（無し）			△※
すい臓	すい液（リパーゼ）	○	○	○
小腸	腸液	○	○	
消化後の物質→		ブドウ糖	アミノ酸	脂肪酸 モノグリセリド

※胆汁は消化酵素を持っていないため、脂肪の消化を助けるだけ
（中学理科の電子教材より）

たとえば、会社に大量の荷物が運ばれてきて、社員がその荷物をほどいて整理棚にしまわなければならないのに、みんな働かずにぼんやりしているとしましょう。そこにこわそうな顔をした社長が入ってくると、社員たちは急にキビキビと荷物の整理を始めて、どんどん作業が進んでいきます。

酵素の働きもこの社長と似たようなもので、本人は何も変化しないのですが、そこにいるだけで消化という作業がどんどん進んでいくのです。これが酵素の触媒としての働きです。

◎酵素がなければ人間は生きてはいられない

酵素は単なるタンパク質だという話を先ほどしましたが、「タンパク質なら肉を食べて摂っているから大丈夫」ということで、酵素の必要性をあまり感じない人もいるかもしれ

ません。しかし、酵素は体にとってなくてはならない非常に重要な存在なのです。

先ほどは消化酵素の話をしましたが、消化だけではなく、栄養素の吸収やエネルギーの生産、脳内の情報伝達、運動、呼吸、老廃物の排出などもすべて酵素の触媒作用がなければなし得ないのです。

簡単に言うと、栄養素だけを摂っても、酵素がなければ人間は生きていけないということです。

◎老化と酵素――「酵素不足」は三〇代から始まる！

体に必要な酵素は、必要なときに必要な分だけ体内で作られるといわれています。ですから、体の中の酵素がなくなるということは考えにくいわけですが、残念なことに、老化によって酵素の生産性が低下することはわかっているのです。

たとえば膵臓《すいぞう》の機能や腸の機能が老化によって衰えると、そこで生産される炭水化物分解酵素であるアミラーゼも若いときよりも少なくなってしまうわけです。

唾液《だえき》にはアミラーゼと脂質を分解するリパーゼなどの消化酵素が含まれていますが、唾液の分泌量も加齢とともに減少していくので、それに伴ってこれらの消化酵素の生産量も減っていきます。

消化酵素が減少すると、食べたものを分解する能力が低下し、栄養素を十分に摂ることができなくなるので、風邪をひきやすくなったり、活力が失われていくことになります。

消化酵素活性の加齢変化

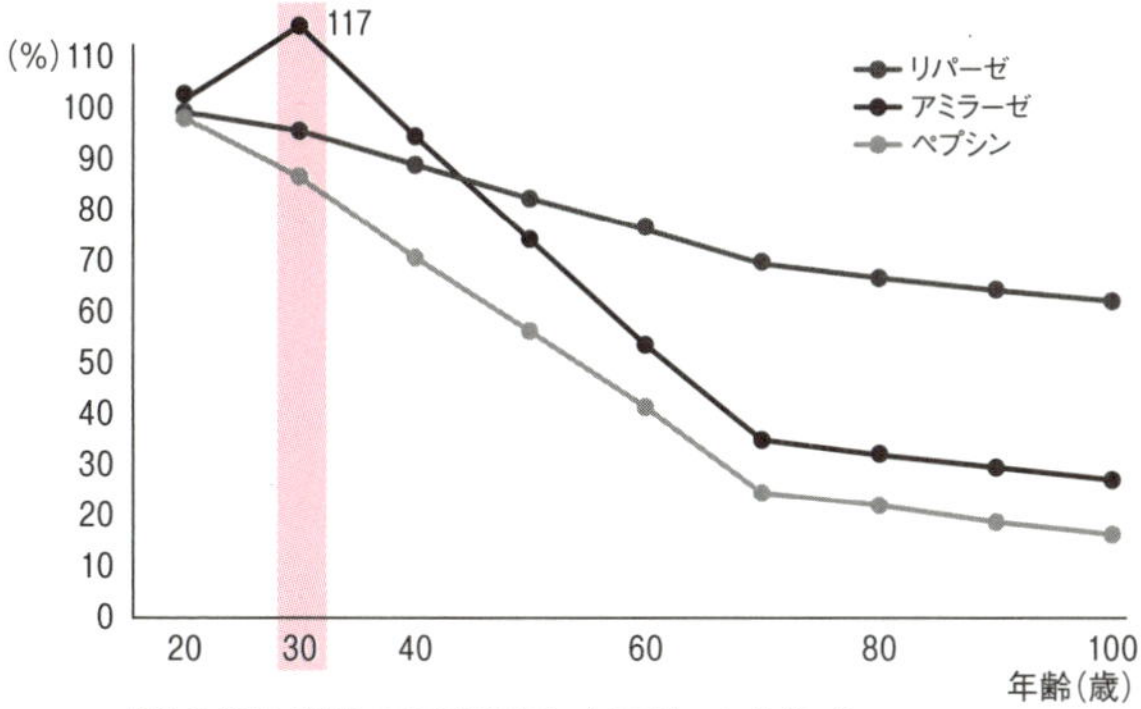

『食生活と栄養の百科事典』（丸善）より作成

また、細胞の新陳代謝も悪くなって、頭の働きが鈍ったり、肌のトラブルが増えたり、太りやすくなるなど、健康と美と若さがどんどん失われていくのです。

老化による酵素の減少は三〇代から始まるといわれています。意外に早く〝酵素不足〟がやってくるのです。

そこで酵素不足解消のため、「酵素を外から摂って補う」という手っ取り早い方法がありますが、ここでいくつか問題があります。

それは何かというと、酵素はタンパク質なので、肉と同じように胃の消化酵素によって消化されてしまうということです。あるいは、胃酸によってタンパク質が変性して使い物にならなくなるのです。

消化の働きが弱ったときに、ダイコンのように消化酵素をたくさん含んだ野菜や果物などを食べたりするのは消化の助けになります。しかし、それは一時的なものにすぎません。野菜に含まれている消化酵素も、胃の中で分解されるからです。

発見!!若返りの酵素

加齢で減少する血液中のたんぱく質の一種（酵素）を若いマウスからとり、老化したマウスに注射すると、身体活動が活発になり、寿命を延ばすことを日米研究チームが突き止めた。ヒトでも、加齢でこの酵素が減ることを確認しており、健康寿命を延ばす抗老化法の開発につながる可能性があるという。

日米研究チーム

14日、米専門誌セル・メタボリズム電子版に発表する。

加齢で様々な臓器の働きが衰え、病気の原因になる。その一因に、加齢で減る「NAD」という物質がある。NADは、酵素によって体内で合成される。

そこで、米ワシントン大や国立長寿医療研究センターなどのチームは、血液中のこの酵素を分析。6カ月と18カ月のマウスで調べると、オスで3割、メスで7割減ることがわかった。老齢マウスでは、この酵素の量が多いほど、その時点から長く生存する傾向があることもわかった。

酵素の量が保たれるようにマウスを遺伝子操作すると、高齢でも身体活動のレベルが1年若くなった。ヒトでいえば、50代が20代に若返るようなものだという。睡眠の質、学習・記憶力、網膜の細胞の働きなども高く保たれていた。

さらに、4～6カ月の若いマウスから、この酵素を含む成分を取り出し、26カ月のメスのマウスに3カ月間与えると寿命が16％延びた。毛並みもよくなり、活発に動いた。健康寿命にあたるような「中間寿命」を延ばすことを確認した。

米ワシントン大教授の今井真一郎さんは「この酵素の働きは、抗老化法の手段になる可能性がある」と話す。

（編集委員・瀬川茂子）

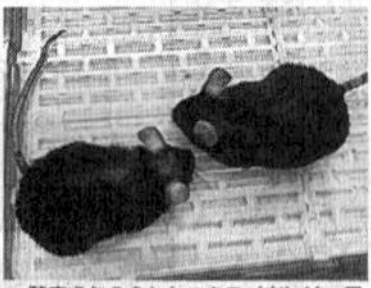

酵素を与えられたマウス（右）は、同じ年のマウス（左）に比べて毛並みがつやつやしており、動きも活発＝米ワシントン大の今井真一郎教授提供

注入したら… 寿命延び毛並みツヤツヤ

若返り酵素発見の記事（「朝日新聞」2019年６月14日付）
人体にはさまざまな酵素が働いているが、老化とともに酵素も減少することがわかっている。

消化酵素だけでなく、外から摂り入れた他の酵素も同じ運命をたどることは言うまでもありません。

そこで私が推奨したいのが、酵母飲料である「F1《エフワン》」です。

◎腸内細菌が三〇〇〇種類の酵素を作っている！

「F1」は、酵母を大量に含んだ飲料です。もちろん、F1のボトルの中には酵母だけではなく酵素もたくさん入っているのですが、この酵素はF1の中にいる酵母が生み出したものなのです。

英語で「酵素」のことを「enzyme（エンザイム）」と言いますが、これは「酵母の中にあるもの」という意味ですから、文字通り、酵母は酵素の母と言えます。

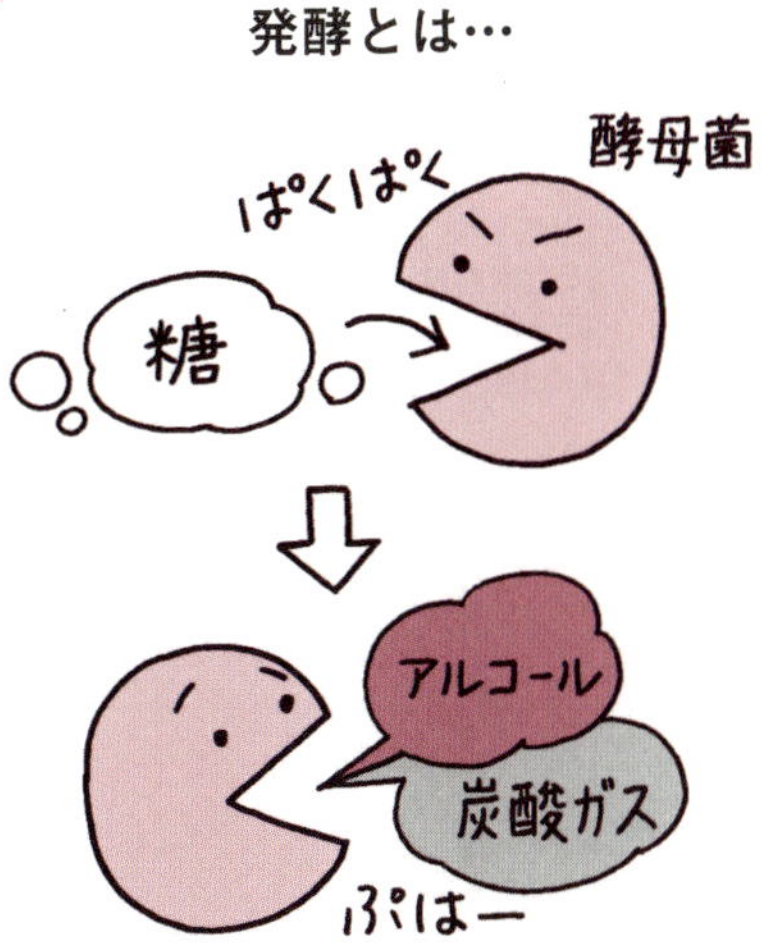

酵母菌は糖を食べてアルコールと炭酸ガスを生成する。それが発酵。

酵母は、酵素と違って、生き物です。キノコやカビと同じ単細胞生物で、空気中をはじめ、地球上のありとあらゆるところに存在しています。酸素のないところでも生きていられるのです。

「酵母」と言えば、「パン酵母」「みそ酵

体内を弱酸性に保って、有害な菌の増殖を抑制したり、免疫機能を正常に維持する。

炎症を起こしたり、発がん性のある物質を作り出し、体をアルカリ性にする。

腸内細菌の中で最も多くを占める菌。善玉菌が多いときはおとなしいが、悪玉菌が増えると有害な作用を及ぼす。

母」「ビール酵母」「ワイン酵母」などを思い出す人もいるでしょう。

これらの酵母が行なう「発酵」という作用によって、ふっくらとしたパンや香り豊かなワインを楽しむことができるのです。

酵母が、エサとなる糖をアルコールと炭酸ガスに分解する作業が発酵ですが、この発酵という作用が、人間の腸の中でも重要な働きをしているのです。

人間の腸内にはいろいろな細菌がいますが、およそ五〇〇〇種類もあるといわれる体の中の酵素のうち、三〇〇〇種類もの酵素を腸内細菌が生み出しているといわれています。

外から酵素を摂り入れても、胃で分解されてしまうのですから、ここは腸内細菌に頑張ってもらって酵素をたくさん生産してもらうのが良い選択です。

そこで重要になるのは、腸内環境なのです。整った腸内環境があればこそ、腸内細菌が酵素をたくさん生み出してくれるのです。

◎善玉菌優位の腸内環境を作ろう！

人間の腸の中には、大きく分けると、善玉菌、悪玉菌、日和見菌《ひよりみきん》という三つの菌が存在しています。

善玉菌は発酵を担当し、糖類や食物繊維を分解・発酵します。

また、便秘や下痢を防ぎ、悪玉菌を抑制し、病原菌の侵入を防いでくれる免疫細胞を活性化させる働きがあります。

悪玉菌は、食べたものの残りカスを分解して、硫

健康な人の腸内細菌のバランス

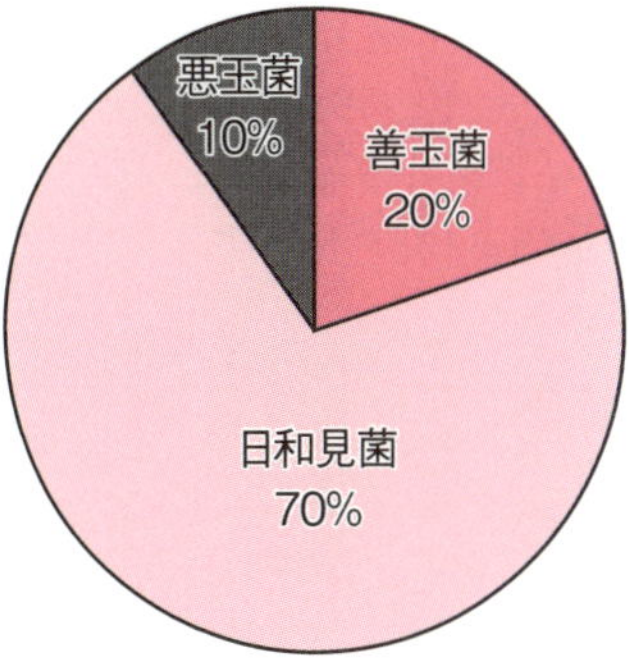

化水素やアンモニアなどの有害物質を作ります。発酵ではなく、腐敗を担当しています。これらの有害物質が腸から体内に送り込まれることで、動脈硬化や高血圧など様々な病気を招くといわれています。

日和見菌は善玉菌にも悪玉菌にも属さない菌ですが、状況によっては善玉菌側に付いたり、悪玉菌側に付いたりします。

善玉菌は善い菌で、悪玉菌は悪い菌のようにとられがちですが、これは人間が勝手に付けた名前で、本来は役割が違うだけで善も悪もありません。

たとえば、悪玉菌は腸内で腐敗を起こして下痢や便秘などの症状を生み出しますが、これは悪玉菌が、食生活の乱れをその人に警告していると捉えることができます。

重要なのは腸内細菌のバランスです。健康な成人の場合、善玉菌が二〇%、悪玉菌が一〇%、日和見菌が七〇%が理想的だといわれています。

便秘や下痢に悩まされている人は、腸内細菌のバランスが悪いことが主な原因といわれています。特にオナラが臭《くさ》いのは、悪玉菌が優勢になっている証拠です。悪玉菌が腸の中で腐敗を促し、アンモニアなどの臭いガスを発生させているのです。

このように悪玉菌が優位な腸内環境は、体にとって良いとは言えないわけですから、善玉菌を増やして、腸内細菌が酵素を作りやすい環境を作ることが大切なのです。

そこで重要なのが、善玉菌の中でも特に発酵を得意とする酵母を摂り入れることなのです。

◎酵母の智空《ちから》で腸内環境を整えて素肌美人に！

酵母は、腸内の糖分をエサとしながら、ビタミンやホルモン、さらには脂肪酸や必須アミノ酸を含んだアミノ酸を合成することがわかっています。

アミノ酸はタンパク質を作る材料ですが、特に必須アミノ酸は人間が体内で作ることができない成分ですから、酵母の働きは人間にとって非常に有益なのです。

また、善玉菌である酵母の働きによって腸内環境が整えば、下痢や便秘なども解消され、腐敗環境がもたらす肌のトラブルも改善されます。

酵母は糖や脂質を分解するので、ダイエット効果も期待できます。特にF１の中にいる酵母は胃で消化されずに腸まで生きて届くので、腸の中で素晴らしい働きをしてくれるのです。

◎生きた酵母が日本で一番多く入っている！

Ｆ１のボトルには「乳酸菌飲料」と表示されています。乳酸菌は入っていないのにこのように表示しているのは、食品衛生法で「乳酸菌又は酵母数が一〇〇万／mℓ以上のもの」は乳酸菌飲料と表示しなければならないと決められているからです。

重要なのは「乳酸菌飲料」として国に認可されている酵母飲料はＦ１しかないということです。

つまり、Ｆ１は一mℓの中に一〇〇万個以上の生きた酵母が入っていると国が認めた日本で唯一の酵母飲料であり、Ｆ１に代わるものは他にはないということです。

ですから、酵母飲料であるＦ１が「乳酸菌飲料」と表示できるということはすごいことなのです。

証明書

以下余白

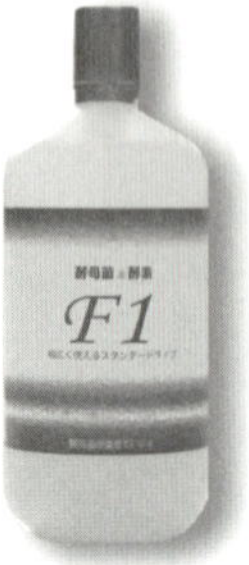

Ｆ１は国の指定機関で毎月厳しい検査を受けており、生きた酵母が１mℓ中に100万個以上存在することが確かめられている。酵母は生きているので、数は検査ごとに変化する。ここに掲載した証明書では、１mℓ中に２億1000万個存在することが証明されている。

世の中には酵母飲料のサプリメントがいろいろと出回っていますが、「乳酸菌飲料」と表示されているものは他にはありません。

「酵素飲料」「酵母飲料」「植物エキス発酵飲料」「植物性発酵飲料」などという名前を付けていますが、これらの名称は法令に基づくものではなく、実際には生きた酵母の入っていない「清涼飲料水」ということになります。

特にガラス瓶に入っている製品は、酵母が発酵していないことを意味しています。発酵が進むと、発生した炭酸ガスによってガラス瓶が割れる恐れがあるからです。酵母が生きていないということです。

F1のボトルは、厚生労働省の承認を受けたポリエチレン製の特殊なものを使用しています。発酵によって割れる心配はありません。

◎天然の野生酵母が元気な体にしてくれる！

F1の酵母は、空気のきれいな山間奥地に生息する天然野生酵母の中から選び抜かれたもので、人間の健康を促進し、生命活動に欠かせない酵素をたくさん生み出し、病原菌にも負けない強さを持っています。

実際、大腸菌とサルモネラ菌を使った実験では、これらの二つの菌はF1の酵母によって一瞬にして死滅しました。しかも実験に使用したF1は、製造してから一年以上経過したもので、それを滅菌蒸留水で数千倍に薄めたものを使用したのですから、F1の酵母の智空《ちから》は並大抵のものではないということです。

一般に酵母は熱に弱いとされ、六〇度ぐらいで死滅するといわれていますが、F1には非常に熱に強い酵母が選ばれているのです。一三〇度の高温の中でも生きているので、料理にも使用できます。もちろん、着色料や防腐剤も不使用なので、安心です。

また、抗炎症作用があるので、ヤケドに有効であるという報告があります。

酵素から酵母の話になりましたが、何といってもF1に含有されている酵母の良いところは、人間に対して全く悪さをせず、人間の生命活動に欠かすことのできない酵素をたくさん生産し、腸内環境を整えてくれるというところです。

仙骨の波動が引き寄せ、中真感覚が認めた酵母飲料「F1」は、仙骨良法の促進要素の一つとして活躍していますが、仙骨の治良を受けて体の波動が高くなれば、酵母も腸内でますます活発に働くことでしょう。

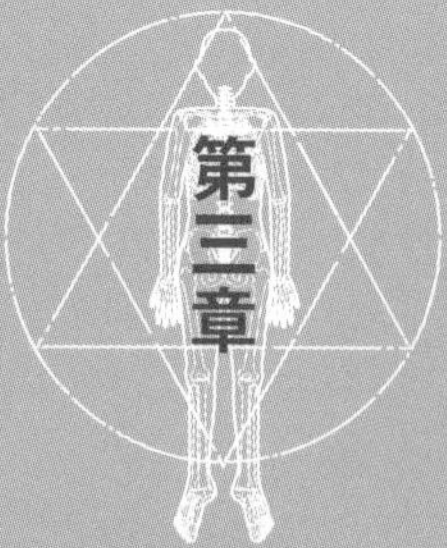

第三章

仙骨良法の促進要素②

「水素」の驚異的な智空《ちから》！

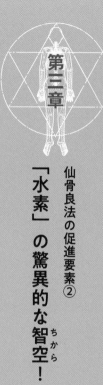

◎分子が一番小さい「水素」に大きな智空《ちから》が秘められている！

水素は小さいので体のどこにでも入れる

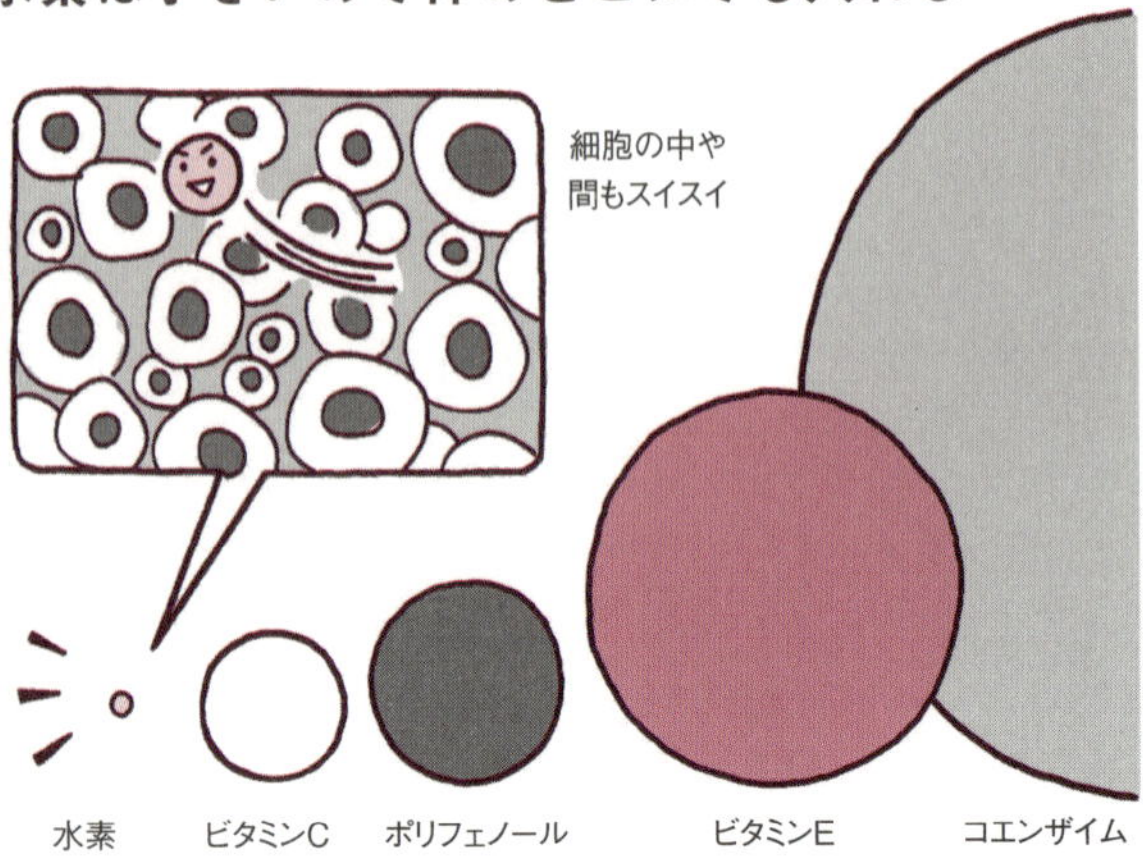

すべての物質の中で一番軽くて小さいのが、原子番号1番の「水素」です。水素分子（H_2）は最も小さい分子なので、部屋の壁や天井はもちろん、人間の体の中も簡単に通り抜けてしまうほどです。

その小さな小さな水素が、非常に大きな智空を持っていることがわかったのは、そんなに昔のことではありません。

今から一〇年ぐらい前に、水（H_2O）を構成する分子である水素が人間の健康に非常に大きな恩恵を与えてくれることを識《し》ったときに、私の中真感覚は「これは良いものだ！」と感じました。

ところが、数年前に消費者庁が、市販されている水素水の一部の商品について、「その効果に合理的な裏付けがない」「水素が検出されなかった」という理由で法令に基づく措置命令を出したときに、マスコミも「水素水が体に良いというのはウソだ」「ただの水だ」とネガティブな報道を繰り広げたので、水素水だけでなく水素に対しても効果がないような「インチキくさい」というイメージがいまだに残っているようです。

しかし、水素が体に良いというのは、事実なのです。

その証拠に、医学研究の国際的な学術誌『ネイチャー・メディスン』には、水素が生体内で有害物質を除去することを示した論文をはじめとして五〇〇以上の水素関連論文が発表されており、水素医学は世界中で研究され、その効果が証明されてきているのです。また、実際に医療の現場で水素を用いた治療がすでに行なわれていて、効果を上げていることがわかっています。

では、水素がどうして体に良いのか、病気との関連から見ていきましょう。

◎老化と病気は「活性酸素」が主な原因

鉄は酸化すると錆《さ》びてしまいますが、それと同じように、人間の体も酸化によって日々老化し、シミやシワなどが増え、病気になったりします。

体の錆びの主な原因は、「活性酸素」です。

「酸素」という名前が付いていますが、活性酸素は空気中に存在するものではなく、実は私たちの体の中で作られているのです。

人間の細胞内で、エネルギーを作っているのがミトコンドリアと呼ばれる小さな器官です。

ミトコンドリアは、呼吸によって体

細胞と活性酸素

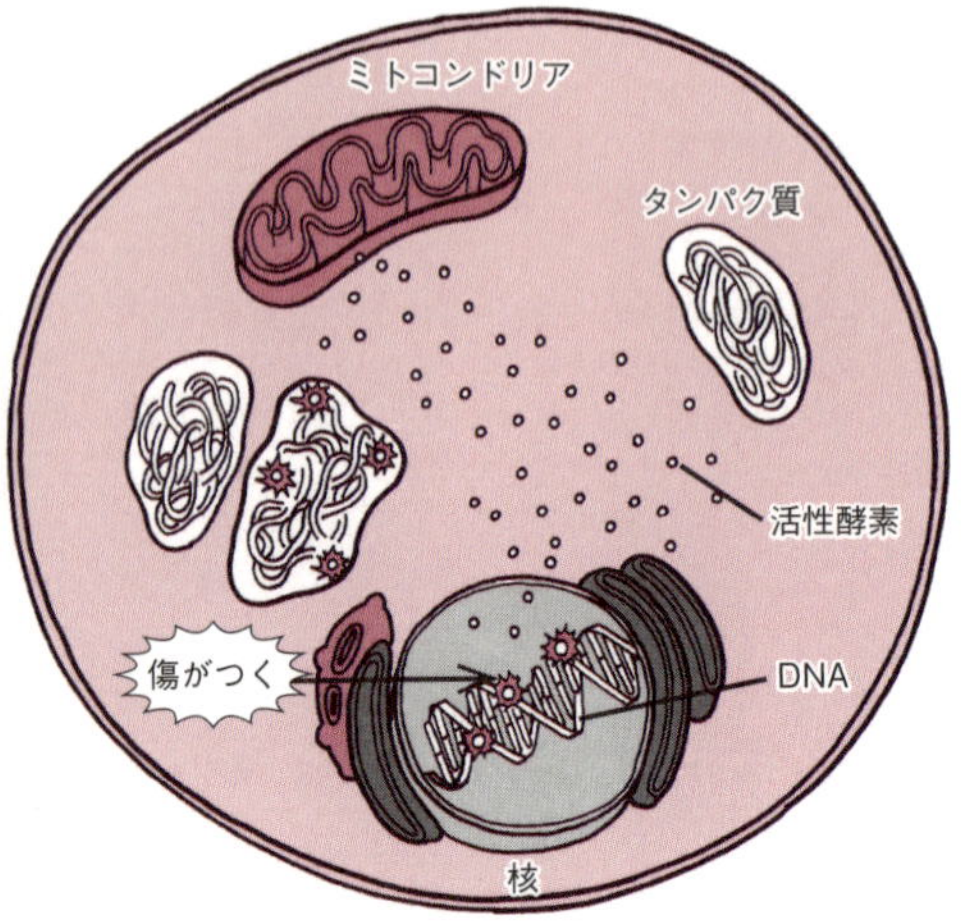

活性酸素によって細胞の核の中にあるDNAが傷つくと、細胞がガン化する可能性も。

内に摂り込んだ酸素と食事から摂り入れた糖を使って、私たちが活動するために必要なエネルギーを作っています。

そのエネルギーを作るときの副産物として、酸化力の強い活性酸素がどうしても発生してしまうのです。

体に摂り入れた酸素のうちの約二％が活性酸素になるといわれています。

活性酸素が生まれる要因は、それだけではありません。

紫外線、汚染ガス、電磁波、不規則な生活、化学物質、タバコ、アルコール、ストレス、睡眠不足、過激な運動などが原因となって活性酸素が作られるのです。

その活性酸素によって、老化が進んだり病気になったりするわけですが、現在では、生活習慣病の九割が活性酸素が原因であるといわれているのです。

◎善玉活性酸素と悪玉活性酸素

活性酸素には、大きく分けて「善玉活性酸素」と「悪玉活性酸素」の二種類があります。

善玉活性酸素には、スーパーオキシドや過酸化水素などがあり、ウイルスや細菌から体

活性酸素が原因と考えられている疾患

婦人科	乳ガン、生理不順、子宮頸部ガン、更年期障害、痔疾、妊娠中毒症
腫瘍	ガンの発生、ガンの転移、化学療法と放射線療法の副作用
脳神経	認知症、パーキンソン病、脳浮腫、痴呆症、外傷性てんかん、脳腫瘍、アルツハイマー病
循環器	動脈硬化、脳卒中（脳梗塞）、心筋梗塞、再灌流障害
血液	低 / 高血圧、異常ヘモグロビン、播種性血管内凝固、薬物性貧血
内分泌	糖尿病、肥満、メタボリックシンドローム
眼科	白内障、眼精疲労、未熟児網膜症、中心性脈絡網膜症
皮膚	シミ、しわ、アトピー、火傷、日光皮膚炎
呼吸器	COPD（タバコ病）、喘息、肺気腫、呼吸窮迫、肺ガン
泌尿器	むくみ、タンパク尿、糸球体腎炎、薬物性腎炎
消化器	胃潰瘍、潰瘍性大腸炎、胃ガン、膵臓ガン、肝臓ガン、咽頭ガン、クローン病、肝炎、膵炎、脂肪肝、十二指腸潰瘍
その他	アレルギー、花粉症、アレルギー性鼻炎、蓄膿症、頭痛、便秘、冷え性、不眠症、歯周病、痛風、自己免疫疾患、リウマチ、膠原病、口内炎、口臭

を守る働きをしたり、血管を拡張させるなど、体に有益な作用をもたらします。

悪玉活性酸素の代表格はヒドロキシラジカルです。

これは最も酸化力の強い活性酸素で、脂質や糖質、タンパク質など、あらゆる化合物を酸化させます。それによって、細胞膜や遺伝子に障害が起き、老化や病気の原因になるとされています。

悪玉活性酸素が発生しても、健康で若い人は体にもともと備わっている抗酸化力によって悪玉活性酸素による害を跳ね返すことができます。しかし、年齢を重ねるにつれて抗酸化力は徐々に弱まってしまい、体はどんどん錆びていくことになります。

悪玉活性酸素の強力な酸化力に対抗できるのが、ビタミンCやビタミンE、ポリフェノール、コエンザイムなどの抗酸化物質です。

これらの抗酸化物質を摂り入れることで活性酸素による害はたしかに軽減されるわけですが、手放しで喜べないのは、抗酸化物質が悪玉活性酸素だけではなく、体にとって良い働きをする善玉活性酸素をも除去してしまうといわれているからです。

そこで期待されるのが「水素」なのです。

◎悪玉活性酸素とだけ結び付いて無害な水になるという水素の魔法

水素も抗酸化物質の一つですが、実は水素の抗酸化力は、先ほど挙げたビタミンCなどの抗酸化物質ほど強くはありません。

水素は、何かと結び付こうとする力（結合力）が弱いため、結合する力の弱い善玉活性酸素とは結び付かずに、結合力の強い悪玉活性酸素に引き寄せられて結び付くのです。

酸素と水素が結び付くと水になることは中学校の理科で習いますが、水素は悪玉活性酸素と結び付いて、体に無害な水に変わってしまうわけです。

さらに、ビタミンCやポリフェノールのような抗酸化物質は分子が大きくて体の隅々にまで届きませんが、水素は分子の中で最も小さいので、たとえば脳の関所といわれる血液脳関門も通過して脳の中の酸化を防ぐことができます。

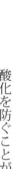

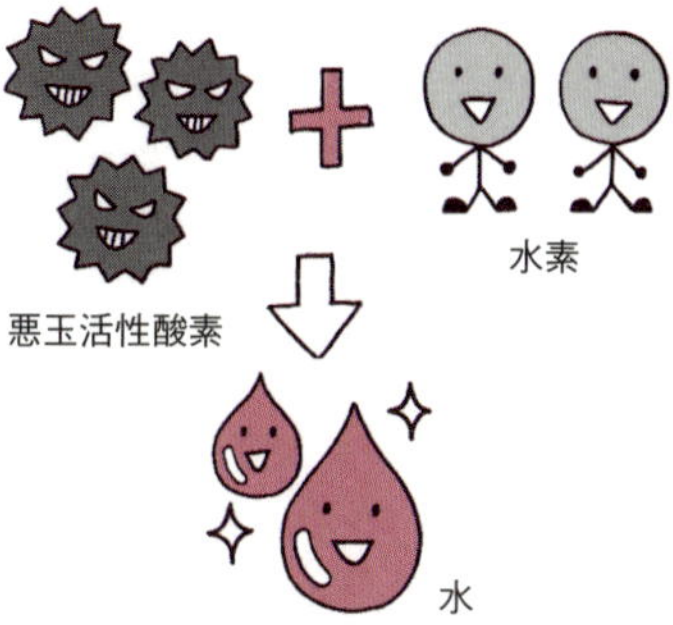

水素は善玉活性酸素とは結び付かず、悪玉活性酸素と結び付いて無害な水となる。

また、胎児が育つ子宮も大変ガードが堅く、有害物質の侵入を防ぐための関所である胎盤関門がありますが、水素はここも通過して、悪玉活性酸素を無害なものにしてくれるのです。

このように水素は優れた抗酸化作用を持っていますが、それだけでなく、抗炎症作用、抗アレルギー作用など、いろいろな面で人間の体にとって有益な働きをしてくれることがわかってきています。

何よりも重要なのは、水素が体にとって安全であるということです。これまでのところ、水素はいくら摂っても副作用がなく、他の薬品や化粧品との併用にも問題がないとされています。

水素は厚生労働省から食品添加物として認められていることからも、安全であることがわかるでしょう。

◎水素を摂るなら吸引がベスト

水素はあまりにも分子が小さくて容器に閉じ込めることはできないので、ボトルに入った水素水を飲むよりも、気体のまま水素を直接吸う方法が効率的です。

現在、様々な病院で水素ガス吸入療法が採り入れられています。これは二〇一六年に厚生労働省の「先進医療B」に指定された医療法で、最先端医療の一つとして注目を浴びているものです。

慶應義塾大学病院の救急科でも、水素ガス吸入療法を行なっていますが、これは心停止になったときに脳の酸素不足のダメージを水素によって軽減するために用いているのです。

二〇一九年七月四日号の『週刊新潮』には、〝「水素ガス吸引」で万病退治・若返りは本当か〟というタイトルで、人間の体への水素の有効性に関する賛否両論が記事としてまとめられています。

記事の中には、玉名地域保健医療センター（熊本県玉名市）の赤木純児院長の次のようなコメントが載っていました。

「水素ガス吸引」で万病退治・若返りは本当か

特集

水素が血流を改善させるメカニズム

がん治療に導入した医療施設の成果

慶応病院「心肺停止蘇生術に劇的効果」

認知機能が向上という実験データ

坂東玉三郎が語るマイ「吸入器」の実力

ガスを吸う、と聞くと危険な響きを感じるが、水素ガスは逆だという。吸うほど認知機能が改善し、がんも治り、血流もよくなって若返る――。そんな触れこみで、水素ガス吸入器もピンからキリまで百花繚乱だが、世の中、そんなにウマい話があるものだろうか。

悪い活性酸素を狙い撃ち

『週刊新潮』（2019年７月４日号）

「乳がんが再発し、肝臓か骨にがんが飛び散って抗がん剤も効かなくなった患者がやってきたとき、ふと水素吸入器のことを思い出しました。水素自体、有害性も副作用もないので、ダメ元で吸わせてみたところ、転移した腫瘍のサイズも小さくなって、症状も改善されたのです。1カ月後には職場復帰できるまでに回復しました」

「ほかの末期がん患者にも用いて、今では症例も400近くなりました。水素を吸った患者さんの8割9割に、腫瘍が縮小するなどの反応が出ています。大学病院で〝もう治療法がありません〟と言われた患者さんが、2年、3年と寿命を延ばしていくのを見るのは大きな喜びです。今では東京や名古屋からも患者さんがいらっしゃいます」

このように、水素の智空《ちから》は医療の現場で確認されつつあります。

「水素がガンに効くなら、早く研究を進めて治療の現場でどんどん使われるようにすればいいのに」という意見があるでしょうが、あまり広まらないのは、理由があるからなのです。

先ほどの『週刊新潮』の記事の中で、ある医学部准教授がこんなことを述べています。

「新しい治療薬に、製薬会社は多額の投資をするものですが、水素は既存の物質で単価も安く、積極的に投資する会社が現れません」

製薬会社は新しい薬を開発して、それを売って利益を上げたいのです。空気中から取り出せる水素を高く売ることはできません。

医者の集まりである学会も、製薬会社から研究費を寄付してもらっているのですから、製薬会社が喜ぶように、製薬会社の作った薬を使うことを考えるでしょう。

日本中の医療の現場で当たり前のように水素が使われる日が来るのは、いつでしょうか……。

水素の素晴らしさがわかったら、国が何とかしてくれるまで待つ必要はありません。自分自身が動いて水素の恩恵を手に入れればよいのです。

現在、全国のＭＲＴ《マート》のオフィスには、卓上型の水素発生器「プルミエ２４０」を設置しています。純度九九・九％の水素ガスが一分間に二四〇㎖も出てくるので、五分間利用するだけで、効果的に水素を摂り入れることができます。

しかも安全設計ですから、お子さんもお年寄りも安心して水素の智空《ちから》を味わうことができます。

水素が優れた物質であっても、それを見抜く智空がなければ、その恩恵を手に入れることはできません。

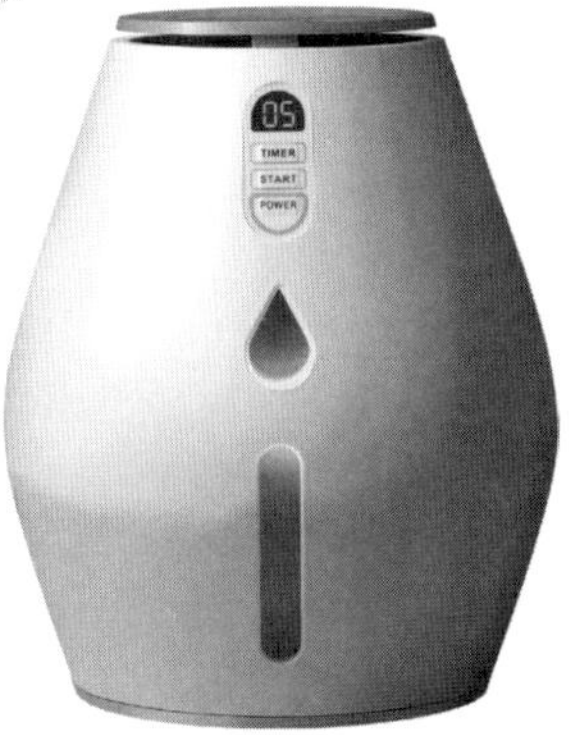

水素発生器「プルミエ240」

中真感覚が磨かれていなければ、目の前に水素が顕れても、素通りしていたでしょう。

何をさておいても、最初に仙骨の波動を高めることを忘れてはなりません。

仙骨の波動が高まることで、中真感覚がどんどん磨かれていくのですから――。

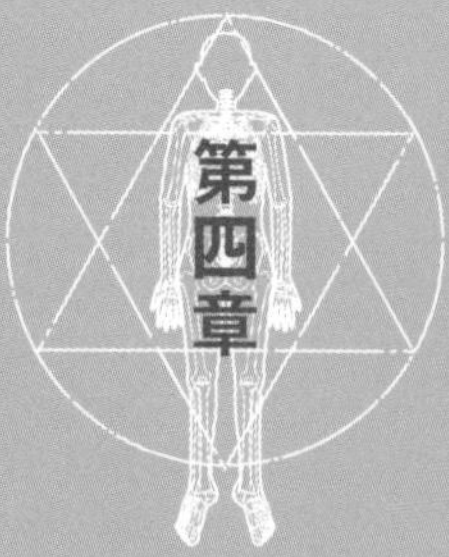

第四章

仙骨良法の促進要素③
人類の未来を担う「アミン」の登場！

◎人類に最大級の恩恵を与える「アミン」

仙骨良法の促進要素の最後に登場するのが「アミン」です。

アミンはアミノ酸の材料の一つであるアミノ基を独自の方法で抽出したもので、すでに国内特許を取得し、国際特許も申請中です。

アミノ酸の構造

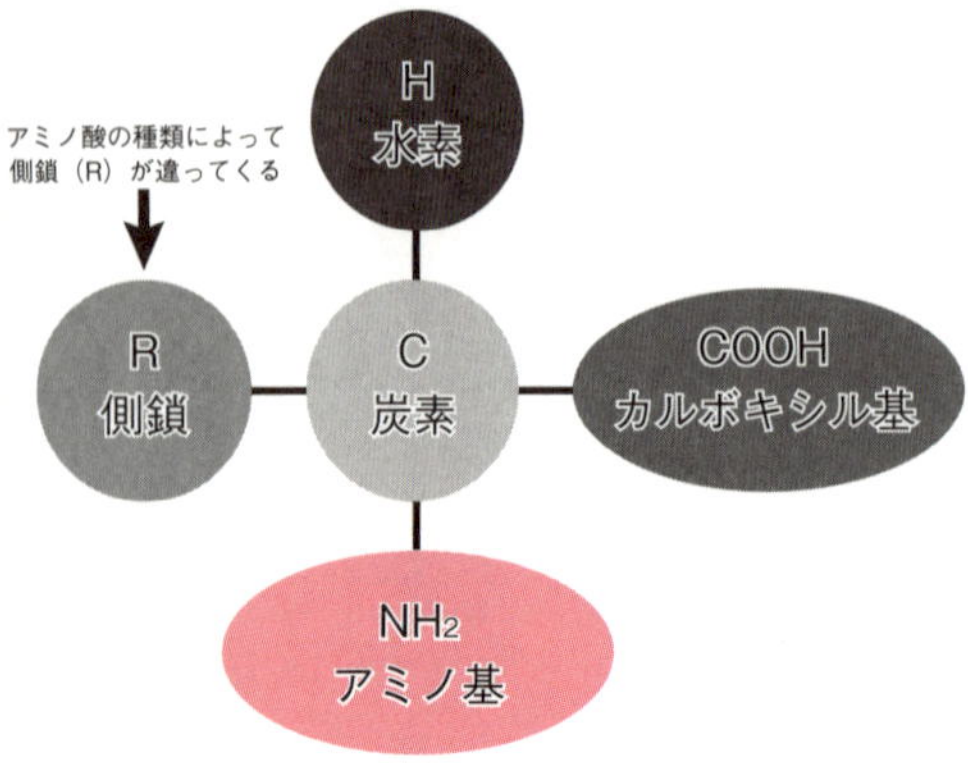

アミノ酸は、私たちの体の細胞を作っているタンパク質の元ですから、その構成要素であるアミノ基も体に絶対必要なものであることは言うまでもありません。私たちの体を構成するすべての細胞の中でアミノ基が働いているのです。

私がアミンの存在を識《し》ったのは二〇一九年の春でした。

小さな分子の集合体であるアミノ酸から、その構成要素の一部であるアミノ基を抽出するのは至難の業です。その困難を乗り越えて独自の方法でアミノ基を取り出した方がいると聞き、「ぜひお会いしたい」という感覚が私の心の奥からフッと湧《わ》き出てきたのです。それは仙骨に備わる中真感覚からのメッセージでした。

奇遇にも（この世には偶然はなく、すべて必然なのですが）私の弟子のお父さんがアミノ基の抽出に成功した村田氏と古くからの友人で、すぐにお会いすることができました。

村田氏から、アミンを配合した水を様々な用途に使用した事例をお聞きしたときに、私はアミンが人類に最大級の恩恵を与える特別なモノであると確信しました。

アミンはあまりにも小さいために、そのままでは扱いが難しく、水に配合して利用しています。

◎一一年前の魚の切り身が腐らない！

アミンは原子の集まりなので、肉眼で見ることはできません。また、生物ではないので、死ぬこともありません。

アミンは蒸発することもありません。

たとえば、アミン配合水をテーブルの上に数滴垂《た》らして、水分が自然乾燥しても、アミンはそのままテーブルに付着した状態を維持します。そして、室内の湿気に含まれる水分によって、また活性化するのです。

もしもテーブルが木製のものであれば、他の部分が腐っても、アミンが付着した部分は腐りません。なぜなら、アミンには防腐効果があるからです。

そうは言っても、木はそんなに簡単に腐るものではないので、あまりピンとこないかもしれませんが、では、生ものも腐らないとしたら……？

たとえばこんな例があります。アミンに浸した魚の切り身が一〇年以上経っても腐らないのです。

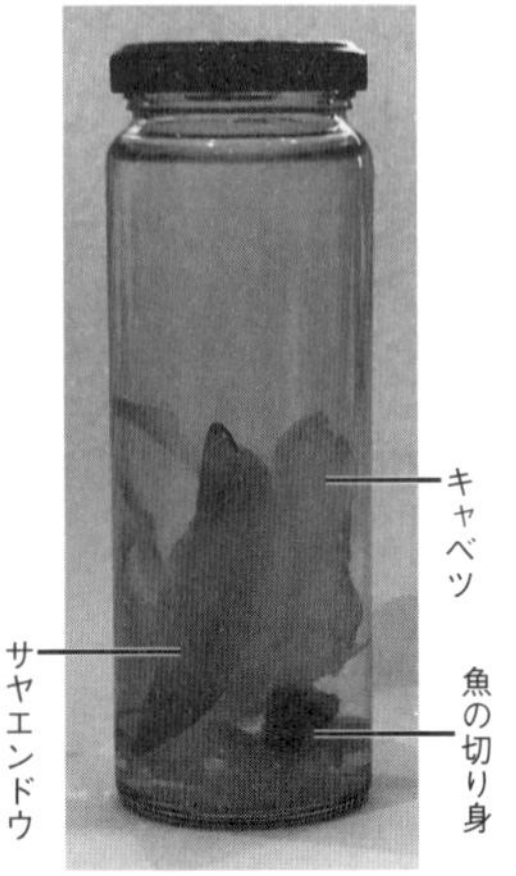

アミンに11年間浸したキャベツとサヤエンドウと魚の切り身。形状をしっかりと保っている。普通の水に入れておくと、いずれも細胞がドロドロに溶けて、水も腐ってしまう。

「そんなことはあり得ない！」と言う人もいるでしょうが、実際にそれがあるのです。

今から一一年前のことです。村田氏はアミンの防腐効果を実験するために、アミンの入った瓶にキャベツとサヤエンドウと魚の切り身を入れて保管し、観察を始めました。腐敗しなければ、理屈抜きに防腐効果が実証できることになります。

それがどうなったかというと、キャベツもサヤエンドウも魚の切り身も一一年経っても腐敗せず、溶けることもなく、瓶に入れた当時の形を保ったままなのです。

私も実物を見せてもらいましたが、さすがに一一年も経過しているので色素はだいぶ落ちてはいるものの、村田氏が手で触っても崩れることがなく、どれも組織がしっかりしていました。

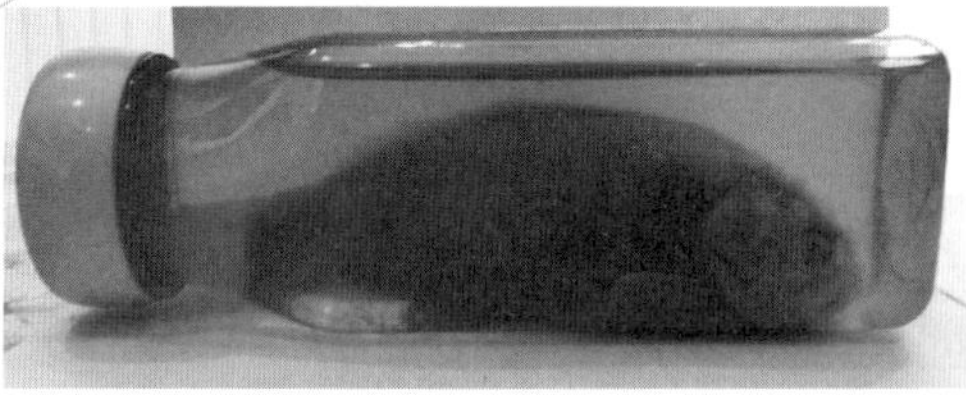

アミンに６年間浸した金魚。普通の水であれば細胞が腐敗しているはずだが、この金魚は細胞がしっかりしており、水自体も腐っていない。アミンの驚異的な智空《ちから》を物語る写真である。

腐敗していないのですから、キャベツもサヤエンドウも魚の切り身も、全く腐ったニオイがしませんでした。

アミンに六年間浸した金魚も全く腐ったニオイはしませんでした。

この金魚はもともと村田氏がアミンを入れた水槽で飼っていたもので、死んだ後も瓶に入れてアミンに浸しておいたところ、六年経った今も、触れると、先ほどまで生きていたかのような感触があり、尾ヒレもそのまま柔らかく動くのです。

普通の水に入れておいたら、確実に腐敗していたでしょう。

また、生の卵を割ってアミンに浸したものも見せてもらいましたが、一年半以上も経っているのですから、本来なら我慢できないほどの強烈な悪臭を放つはずですが、驚くことに、瓶のふたを開けてニオイを嗅《か》いでも、全く臭《くさ》くないのです。それどころか、多少良い香りさえするほどだったので、そのまま瓶の中のアミンを卵ごと飲んでしまおうかと感じたぐらいです。

さすがに飲みませんでしたが、腐敗していないのですから、実際に飲み込んでも体に害はありません。

◎死んだ細胞が生きた状態に！

「アミン」の特長の一つに殺菌性が挙げられます。雑菌やばい菌を殺菌する効果が強いために魚の切り身も腐敗しないのです。

それだけでなく、アミンには自浄作用があると私は考えています。自分自身を常に浄化しているからこそ、アミンを配合した水そのものも腐敗から守られているのです。

そして、忘れてならないのは安全性です。

アミノ基そのものが私たちの体のすべての細胞に入っているものですから、人体にとって全く害がありません。

実際に、一〇匹のラットにアミンを与え続けた試験で、ラットが一匹も死ななかったことを村田氏が報告しています。全く毒性がないのです。

その試験は毒性の限界値を求めるＬＤ50という一般的な検査方法で、一〇匹のラットに実験の対象物を与え、どのくらいの量で一〇匹のうちの五匹が死ぬかを見定めて、そこまでは与えてもよいという判断をします。

たとえば、しょう油もどんどん飲ませていくと死ぬポイントがあります。自然食品でもその基準があります。毒性というものは、あるかないかではなく、強いか弱いかで判断されるもので、人間に必要な塩も死ぬポイントがあるのです。

ところが、アミンを与えたラットは一匹も死ななかったのです。全く毒性がないということです。

また、アミンを口に含むと、少し渋みや甘みを感じるという人もいますが、味はほとんど普通の水と変わりません。色も付いていないので、見た目もごく普通の水と同じです。

しかし、見た目は普通の水でも、アミンは通常の水とは全く次元の違う働きをするのです。

先ほどの写真を見て、「ホルマリン漬けの標本みたいだ」と感じた人もいるのはないでしょうか。

しかし、アミンが人体にとって安全なのに対し、ホルマリン（ホルムアルデヒドと同じものです）は「毒物及び劇物取締法」によって医薬用外劇薬に指定されているほど有害な物質です。

ホルマリンは防腐効果と組織分解を防ぐ効果があることから生物の標本に使われているわけですが、生体の細胞組織を殺し、細胞内の酵素の働きを止めてしまうので、死後の腐敗が起こらず、細胞の形のみが維持されるのです。つまり、細胞を殺すことで形を保つわけです。

一方、アミンは、細胞を殺すのではなく、逆に死んだ細胞を生きた状態に近づけるので、細胞組織が腐敗せず、形状が維持されます。

すなわち、ホルマリンは「殺す」、アミンは「生かす」という、正反対の働きをしていることになります（ホルマリンとアミンの違いはそれだけではありません。ホルマリンのニオイは、お酒に酔った人の臭《くさ》い息のニオイをさらに激しく刺激を強めたようなものですが、アミンは全くの無臭です。一一年間も生の魚の切り身を浸しても、全く生臭いニオイがしないのですから、やはりアミンはただものではないのです）。

死んだ細胞組織を生きているような状態にする――このアミンの特殊な作用を村田氏は、仮に生きた状態にするという意味で、「仮生《かせい》」という言葉で表しています。生命のない状態の細胞を、生命のある状態に近づけるのです。

アミンは、死んだ細胞を仮生状態にしたり、弱った細胞を元気なときの状態に近づける働きがあります。

ですから、アミンに浸した魚の切り身や卵が腐らないのです。

◎「アミン」に秘められた智空《ちから》とは？

ここで、アミンに秘められた智空の一端を示す事例を、これまでに述べたものを含めて列挙してみましょう。

〈植物〉

・花瓶にアミンを入れると、花が長持ちする。

・観葉植物にアミンを振りかけると、しなだれていた葉っぱが立ち上がってきた。

・枯れていた鉢植えにアミンをスプレーすると、再生してきた。

・胡蝶蘭《こちょうらん》にアミンをあげていたところ、五カ月経ってもしおれずに元の姿を保っている。

・アミンを吸わせた花でドライフラワーを作ると、生の花の色そのままのドライフラワーができる。

〈食べ物〉

・スーパーで買ったイチゴをアミンに浸したところ、農薬の成分が流れ出て、イチゴ本来の香りが強くするようになった。

・ブドウをアミンに浸したら、農薬が洗い出され、おいしくなった。

・料理で出汁《だし》をとるときにアミンを少量入れると、出汁が濃く出る。

・魚を焼く三〇分前にアミンをスプレーして焼くと、魚がふっくらと焼き上がり、味に深みを感じた。

・コーヒーにアミンをスプレーしただけで、味がまろやかになり、おいしくなった。
・氷を作る際にアミンをスプレーしたところ、いつもより透き通っていてきれいにできた。その氷を入れた飲み物もおいしくなった。
・アミンを混ぜた水に野菜を浸けて保存すると、レンコンやゴボウでも一～二日は変色せず、食材をゆっくり使い切れるようになった。
・キッチンペーパーにアミンをスプレーしてサニーレタスを包んでおいたら、一〇日経ってもシャキシャキしていて、甘みもあっておいしく食べられた。

〈生活〉
・アミンをお風呂に入れると、体温が上昇し維持されるので、湯冷めをしない。
・お風呂にアミンを少しスプレーしただけで、お湯がとろんとして柔らかくなった。加えて、浴槽に汚れが付きにくくなった。
・アミンを入れたお風呂に入ったら、一〇時間も熟睡して、なかなか取れなかった疲れが一気に吹き飛んでしまった。
・雑巾などのなま乾きのものにアミンをスプレーすると、ニオイが取れた。

・二〇年間使用している焦げ付いたミルクパンにアミンを付けて磨いたら、きれいになった。
・排水溝（キッチン・洗濯機・風呂）にアミンをスプレーすると、ニオイが消えた。
・シャツの襟《えり》汚れにアミンをスプレーして洗濯すると、汚れがきれいに取れた。
・絨毯《じゅうたん》のインク汚れにアミンをスプレーし、布でトントンと軽く叩いたら、布にインクが移って絨毯の汚れがきれいに落ちた。
・長期間使っていなかったためにインクが出なくなった万年筆の先にアミンを噴霧したところ、乾燥によって固まったインクの成分が流れ落ちて、すぐにインクが出るようになった（一般的には、ぬるま湯に一日浸けるなど時間がかかる）。
・アミンを体にスプレーしたら、蚊が寄ってこなくなった（防虫効果）。

〈ペット・小動物〉
・アミンを水槽に入れて育てた金魚と、浄水器の水で育てた金魚を比較すると、五カ月間でアミンを入れた水槽の金魚が顕著に大きくなった。また、アミンの水槽は、浄水器の水を入れた水槽よりも金魚のフンの汚れが格段に少ない（金魚のフンが水槽の底に落ちてい

浄水器の水で育てた金魚

アミンを入れて育てた金魚

水槽の底のフンの汚れが格段に違う。

ない)。これは、アミンが金魚のフンの粒子を細かくし、それがろ過フィルターでろ過されて水が汚れないためと考えられる。

・あまり動かなかったセキセイインコの顔に一日一回アミンをスプレーしたところ、活発に動くようになった。

・毛の薄くなった老齢の犬にアミンを振りかけていたら、毛並みが良くなってきた。

・アミンを猫に飲ませていたら、口臭と歯ぐきの炎症がなくなった。

・九歳の犬に乳腺腫瘍《にゅうせんしゅよう》があり、日に日に数も増え、大きくなっていたので、ドッグフードにアミンを混ぜ、腫瘍部分にもスプレーしていたら、一カ月ほどで手で触ってわからないほどになった。

・三歳の犬。皮膚が弱く、赤く粉をふいたようなお腹《なか》になり、悪化してかゆみが出て湿疹《しっしん》ができていたが、アミンを飲ませたところ、すべてが改善された。

私の手元にある体験談の中から、いろいろな事例を挙げてみました。

金魚の事例は、私のオフィスで金魚を飼って観察したものです。

浄水器の水で飼っていた二匹の金魚のうちの一匹が黒斑病《こくはんびょう》（体やヒレが黒くなる病気）になったので、その一匹だけをアミンの水槽に入れておいたところ、間もなく黒斑が消えてしまいました。

治ったように見えたので、元の水槽に戻したところ、再び黒斑病が出てすぐに死んでしまいました。そのままアミンの水槽に入れておけば、今でも生きていたでしょう。かわいそうなことをしましたが、人間の体で実験することはできないので、この事例を人間に当てはめることで、金魚の死を教訓として活かすことができます。

すなわち人間も、アミンを飲み続けている人と、体調が良くなったらすぐに飲むのをやめてしまう人では、結果が違うということです。たとえ症状や病気が改善したように見えても、人間の細胞は一日に三〇〇〇億個から四〇〇〇億個死んで、新しい細胞が生まれるので、常にアミンが細胞のすみずみまで行き渡るには、継続してアミンを飲み続けることが大事であり、それが安心につながるのです。

では、アミンは人間の体にどのような働きをしてくれるのでしょうか。まずは私の体験をご紹介しましょう。

◎私自身の体験――アミンでこんなに元気を取り戻した！

私が四四歳のときに脳梗塞《のうこうそく》で倒れ、仙骨良法によって奇跡的に回復した話はすでにしましたが、倒れて以来、頭に輪っかのようなものをはめられて締め付けられているような、重苦しい、何とも言えない不快感が二〇年以上も続いていました。

脳の中を調べても原因がわからなかったので、脳梗塞の後遺症であると明確には言えませんが、私自身は脳梗塞の影響だと感じていました。

それが、アミンを飲んですぐに、どうしても取れなかった頭の不快感が消えていったのです。

日々感じていることは、アミンを摂るようになってから、疲れにくくなり、非常に元気になったということです。

現在の睡眠時間は五～六時間ほどですが、夜遅く寝てもだいたい朝の四時半頃になると目が覚め、布団の中でグズグズすることもなく、パッと起きられるのです。目が開いたらすぐに活動できるということです。

長時間の運転も苦になりません。数カ月前に遠方で急な用事ができたために一五時間ぶっ通しで移動したこともありました。行き帰りともに自分で運転したにもかかわらず、全く疲労感を覚えませんでした。

間もなく古希《こき》を迎える年齢ですが、こんなに元気になったのは久しぶりのことで、アミンが体の隅々にまで行き渡って、細胞を活性化しているのを実感しています。

◎ATP（エネルギー通貨）が少なくなると死が近づく

私以外にも、アミンを摂るようになってから元気になったという人がたくさんいるのですが、ではどうしてアミンで元気になるのかというと、村田氏によれば、アミンによって、細胞がエネルギーをたくさん作るためなのです。

普段、私たちが活動するのに使っているエネルギーの供給源は、各細胞の中にあるATP（アデノシン三リン酸）といわれる分子です。

ATPは、運動はもちろん、心臓を動かしたり、思考したり、ニオイや味を感じるときや、新しい細胞を作るときなど、生体活動のありとあらゆる場面で用いられており、エネルギーと交換できるお金のようなものなので、「エネルギー通貨」とも呼ばれています。

たとえば、脳のニューロンは酸素とブドウ糖（グルコース）を使ってATPを作り、そのATPを利用して電気的なバランスを維持しています。しかし、ATPが不足すると、ニューロンは電気的なバランスが崩れて回復できなくなり、四分ぐらいで死んでしまうといわれています。

人間の細胞は、皮膚細胞のように頻繁《ひんぱん》に入れ替わる細胞もありますが、成熟した脳のニューロンは生まれてから死ぬまでほとんど入れ替わることはありません。つまり、ATPの不足によって脳のニューロンが死ぬと、それを回復する手立てがないということです。

これは心臓の心筋細胞も同じです。どちらの細胞も長生きしますが、より長く持たせるにはATPが欠かせないのです。

脳の神経細胞や心筋細胞だけではなく、私たちのすべての活動はATPが支えているわけですが、老化が進むと体内におけるエネルギー産生も衰えるので、老化が始まる三〇代以降（一説には二〇代以降とも）の人は特にＡＴＰを増やす必要があります。

◎アミンで元気になる仕組みとは……

では、アミンがどのようにＡＴＰ産生にかかわるかというと、まずは、私たちの細胞内に棲《す》むミトコンドリアに注目する必要があります。なぜなら、ＡＴＰは主にミトコンドリアの細胞の内部で作られるからです。

ＡＴＰ合成酵素が水素イオンの流れを利用してＡＴＰを作るのです。

そのメカニズムは、水力発電に似ています。水力発電は、高いところから低いところに流れる水の勢いを利用します。その水力で発電

ミトコンドリア

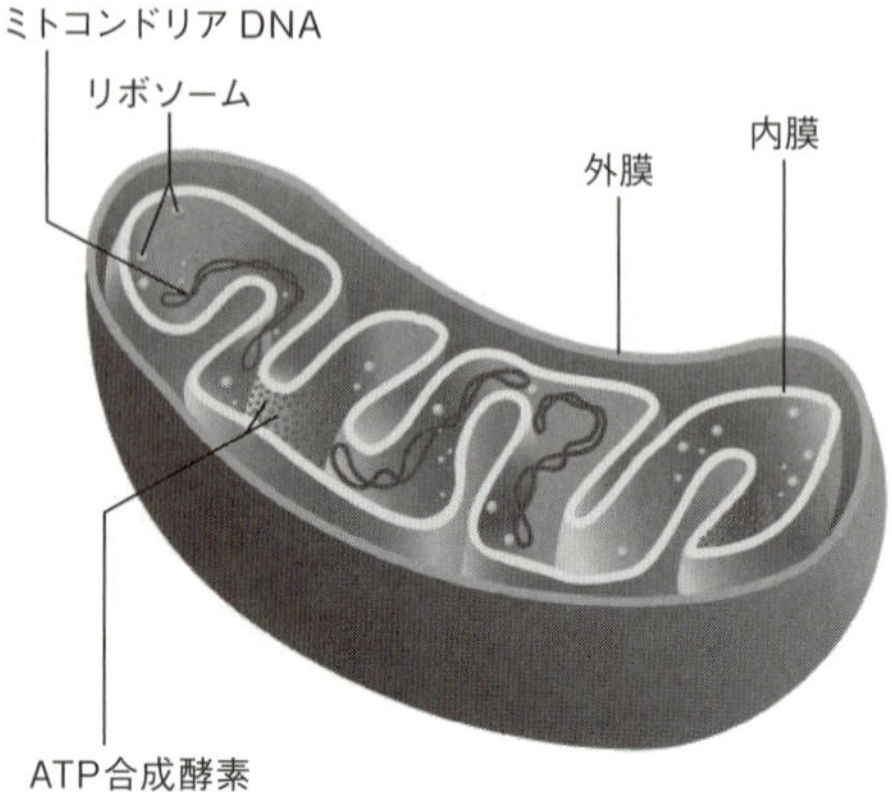

用のポンプ水車を回して発電機を動かすことによって発電を行なうのです。

これをＡＴＰ合成に当てはめると、水素イオンが水で、ＡＴＰ合成酵素はポンプ水車と発電機の役割をしているわけです。

水車というからには回転しなければなりませんが、ＡＴＰ合成酵素は、生き物でもないのに回転しながらＡＴＰを生み出すのです。世界最小のモーターともいわれています。

ＡＴＰ合成酵素によってエネルギーがたくさん作られていれば問題はありませんが、老

ミトコンドリア内部での ATP 合成の仕組み

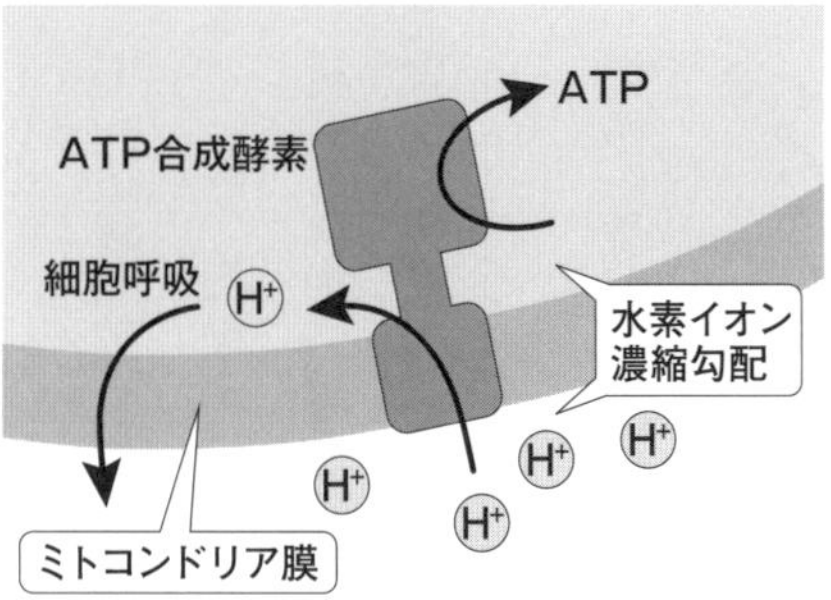

ミトコンドリアは膜で囲まれた袋で、細胞呼吸によっていつも水素イオンを袋の外へ運び出している。この水素イオンがATP合成酵素の中を通って袋の中に戻るときにATPが合成される。

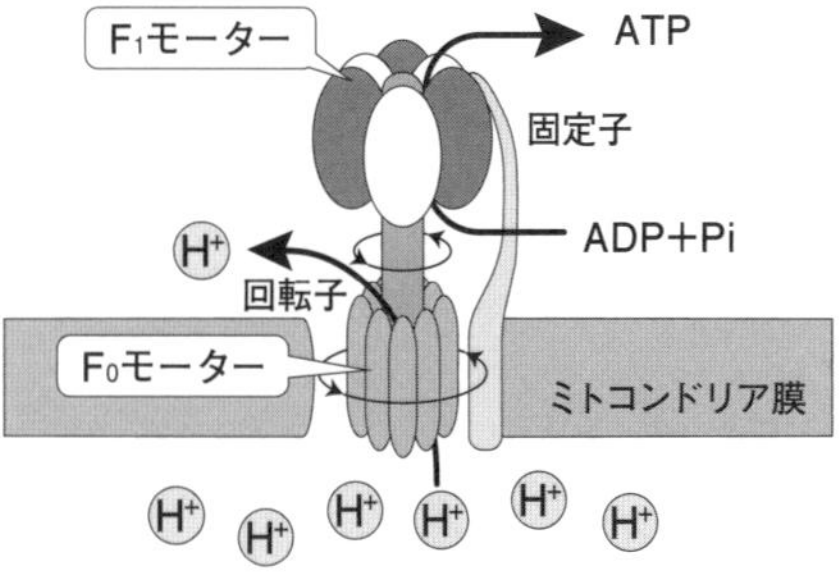

ATP 合成酵素の模式図。F_0モーターが水素イオンの流れによって回転すると、F_0モーターに連結したシャフトが、F_1の中で回り、ATP が合成される。F_0の固定子とF_1の固定子は右横の棒状の部分で固定されている。
「生き物のエネルギー通貨を生み出すナノモーター」（京都産業大学ホームページ）を元に作成。

化によって水車の回転が減ると同時にエネルギー生産量も減少してしまいます。

エネルギーが減少すると、当然ながら、動きが鈍くなる、疲れやすくなる、持続力がなくなるなど、老化現象として顕れてくるわけです。

老化が進むと体の各臓器の働きが衰え、最後には生命活動を維持できなくなります。それが「老衰死」です。ATPの産生が足りなくなれば、老化が進み、死が近づくということです。

そこで登場するのが、「アミン」です。

◎アミンがエネルギー通貨（ATP）をたくさん作ってくれる

老化によって水車であるATP合成酵素の回転が衰えるのは、水車を回すために必要な水素イオンの量が減少するからだと村田氏は考えています。

私たちの細胞を作っているタンパク質の元はアミノ酸ですが、アミノ酸を構成しているアミノ基とカルボキシル基は、活発に水素イオン交換を行なっています。その交換速度は一秒に三〇兆回ともいわれています。

ところが、老化が進むと、水素イオン交換が徐々に少なくなり、三〇兆回が、二九兆回、二八兆回と減ると同時に、水車であるATP合成酵素を回すのに必要な水素イオンの量も減っていきます。

水素イオンの量が減ると水車の回転も鈍くなり、発電量が落ちてきます。ちょうど電池の切れかかったおもちゃみたいに、ゆっくりと動くようになるのです。

ところが、ここにアミンによって水素イオンの量が増えると、その水素イオンがどんどん水車のほうに放り込まれ、水車が活発に回り出して、エネルギーが増産されるというわけです。

アミンがATP合成酵素の働きを活性化する仕組みについては、まだわかっていないことが多いのですが、村田氏によると、今述べたようなメカニズムで、エネルギーが増産されて元気になると考えられているのです。

◎アミンで、こんなにも変化が！

先ほどは私の体験を述べましたが、次にアミンを摂っている他の方々の体験談をご紹介

アミンを特別に調合した「アミンクリスタル」
（23ml × 3本）

しましょう。

「アミンでスッキリ、シャンとします」（K・Mさん　七二歳　女性）

以前は漠然とした疲れが溜《た》まっている感覚がありましたが、アミンを飲むと、起爆剤となって、スッキリ、シャンとします。心身の隅々にまで行き渡る感覚が気持ち良いです。

「痛がゆさが即効でなくなりました」（M・Yさん　五〇歳　女性）

帯状疱疹《たいじょうほうしん》で眼の周囲に水疱があり、痛がゆかったのですが、アミンを飲んでスプレーすることで痛がゆさは即効でなくなりました。水疱は徐々になくなり、今は赤みが少し残っている程度です。

「熱湯が掛かったのに、赤みも痛みもありません」（K・Nさん　八三歳　女性）

電気湯沸かし器の熱湯が床に落ちて、両足の後ろ足首とかかとに掛かってしまい、水で冷やした後にアミンを滴《したた》るほどにスプレーしました。ピリピリとても痛かったところに浴びせるようにスプレーしたら、すぐに痛みが和らぎ、四分ほど経ってもう一度掛けたらほぼ痛みがなくなりました。その後、念のためと思い、さらに五分ほど置いてもう一度掛けました。翌日は気にならないほど赤みも痛みもなくて本当に驚きました。

「アトピーの傷口がアミンで治りました」（K・Mさん　一三歳　女性）

私は小さな頃からアトピーがあり、常にどこかしらに症状が出ていました。最近は指に出ていて、ガーゼなどを傷口に当てて掻《か》かないようにしたり、ひどいときは海水を塗ったりしていましたが、すごくしみるので、少しの間止めていました。そんなときにアミンを知り、寝る前に傷口に塗って、使い始めて三日後にほぼ治ったので、すごく驚きました。今も完治とは言えませんが、前よりも掻いた後の治りが早く、痛みのストレスが減りました。

「お酒を飲んでもあまり酔わなくなりました」（K・Kさん　五八歳　男性）

ビールやお酒にアミンをスプレーして飲むと、あまり酔いません。

先日、久々にワインで酔って気分が悪くなったので、アミンを飲んだところ、飲んだそばから徐々に気分の悪さが消えてしまいました。

「子どもの湿疹やあせもが引き、薬を使わずに済みました」（Y・Aさん　三五歳　女性）

八カ月の子どもの湿疹や、あごの下のあせもができたところに（ムチムチほっぺで首とくっついてしまっている）、コットンにアミンをたっぷり浸み込ませてトントンすると、赤みが引き、薬を使わずに済みました。子どもは薬や保湿剤を使ってもすぐに触ってなめてしまうので、アミンだと安心して使えるため、とても助かります。

「大量の便が出て、体温も上がりました」（K・Tさん　七八歳　男性）

アミンを飲み始めてすぐに、一日四〜六回に分けて、大量の便が出ました。体が温かくなり、特に手足の先端が温かく感じられます。体温を測定してみると、以前は三五・六〜九度だったのに、三六・一〜四度に改善されました。

今挙げた体験談の中に、ビールやお酒にアミンをスプレーして飲むと酔わないという内容がありましたが、これ以外にも、「お酒を飲んでも二日酔いをしない」「お酒を飲んでも酔いにくい」という体験談が寄せられています。

アミンを飲むと、どうして二日酔いなどにならないのでしょうか。

アルコールは肝臓で代謝されます。肝臓に入ると、まず酵素の働きでアセトアルデヒドという物質に分解され、さらにアセテート（酢酸）に分解されます。アセテートは血流に乗って全身を回りながら、筋肉や脂肪組織で水と二酸化炭素に分解され、吐く息や汗、尿として体の外に排出されます。

しかし、肝臓でアセトアルデヒドを分解しきれないと、二日酔いといわれる状態になります。アセトアルデヒドには、吐き気や動悸《どうき》、頭痛などを引き起こす働きがあり、これが二日酔いの原因となるのです。

お酒をたくさん飲みすぎると、肝臓がアセトアルデヒドを十分に処理しきれず、血液中のアセトアルデヒドの濃度が高くなるため、その毒性によって胃痛や胃もたれ、胸やけ、吐き気、動悸、頭痛などの症状が顕れます。

アミンは、この血液中のアセトアルデヒドを血管の中で凝集《ぎょうしゅう》分解して体外に排出するので、二日酔いにならないのです。

このほかにもいろいろな体験談があるので、続けてご紹介していきましょう。

「周りから若くなったと言われます」（M・Sさん　三三歳　女性）

五カ月くらいアミンを飲んでいます。以前は肌荒れがひどかったのに、今は肌荒れをしなくなり、吹き出物もすぐ治るようになりました。周りから「若くなった」と言われます。

「毎年できていたシミやソバカスが出なくなりました」（Y・Iさん　六四歳　女性）

毎年夏を過ぎると、手にシミ、顔にソバカスがいっぱいできていたのですが、アミンを摂って過ごした今年は、夏が終わってもシミ、ソバカスがないことに気づき、驚いています。顔の色も白くなったと言われるようになりました。

「まゆ毛が生えてきました」（M・Yさん　七二歳　女性）

甲状腺（橋本病）の影響で、まゆ毛が一部抜けていて、色も白く抜けてしまっていたところにアミンをコットンに湿らせて貼っていたら、まゆ毛が生えてきました。

「白髪が黒くなってきました」（T・Yさん　七二歳　男性）

飲用はしていませんが、家族が使っているので、髪の生え際に毎日アミンをスプレーしたところ、二週間くらいで白髪が黒くなってきたので大変驚いています。

「バスを待たずに駅まで元気に歩けました」（K・Fさん　七二歳　女性）

アミンを飲み始めて一カ月半ぐらいです。バスがなかなか来なくて、いつもなら来るまで待つのですが、バスを待たずに駅までの三〇分の道のりを歩けてしまうくらい元気になりました。

「ふらつかずにズボンをはけるようになりました」（K・Kさん　八二歳　女性）

立ってズボンをはくときにふらついていたのが、しっかりと立ってはけるようになりました。また、体中にエネルギーがみなぎっている感じで、重い敷布団が楽に持てるようになりました。

「足の指のタコが取れました」（S・Aさん　六五歳　女性）

足の指にできたタコにアミンを塗り続けたところ、三日目にきれいに取れました。

「下腹部（男性機能）がとても元気になってきました」（C・Nさん　六六歳　男性）

二カ月ぐらいアミンを飲んでいます。下腹部がとても元気になってきました。一〇年ぐらい若返ったように思います。

「正座をしてもひざが痛まなくなり、階段の上り下りが楽になりました」（M・Tさん　六三歳　男性）

正座をするとひざが痛くて五分でも苦痛でしたが、アミンを飲むようになってから、気づいたら三〇分くらい正座をしても全く痛みが出なくなっていました。若い頃から関節炎といわれていましたが、痛みがなくなったのは初めてで、びっくりしています。また、疲れにくくなり、散歩の時間も長くなりました。その後、アミンを切らしたら、いきなり階段の上り下りがきつくなりました。上りのときは階段の途中で休んだり、下りのときはひざがガクガクして怖くなりました。それから再びアミンを飲み始めると、すぐに元気よく階段を上り下りできるようになりました。アミンが体を元気にしてくれていることがよくわかりました。

「手のこわばりと痛みがほとんどなくなりました」（Y・Oさん　四〇歳　女性）

朝起きたときに手のこわばりと痛みが強く、字を書くのもつらかったのですが、アミンを飲み始めた次の日から朝の手の痛みがほとんどなくなり、動かせるようになりました。

「肺炎が二日で治り、驚きました」（T・Tさん　八四歳　男性）

肺炎で高熱が出たのでアミンを摂ったところ、熱が下がり、それまであった全身の痛みが和らぎました。肺炎が二日で治り、驚きました。

「リウマチのコブが四分の一の大きさに！」（I・Tさん　七二歳　女性）

アミンを飲み始めて九〇日経った頃に、手首にあった四〇年来のリウマチのコブが四分の一の大きさになっていることに気づいてびっくりしました。体温も以前は三六度前後だったのが、三六・五度に上がっています。以前は甲状腺の違和感で眠れなくなることがありましたが、それがなくなりました。

「頬《ほお》にできた突起状の脂肪のかたまりがなくなりました」（F・Kさん　六六歳　女性）

頬に突起状の小さな脂肪のかたまりができて気になっていましたが、アミンを飲み始めて約一週間で脂肪のかたまりが枯れてきて、一カ月くらい経ったとき朝の洗顔後にきれいに突起物がなくなっているのに気づき、びっくりしました。ほかにも、お肌がツルツルになった気がします。

「生理痛と生理中のダルさがなくなりました」（S・Uさん　三五歳　女性）

アミンを飲み始めて、二〜三日で肌がスベスベになり、その後、便が一日に二〜三回とたくさん出るようになりました。また、立ち仕事の足のだるさがなくなったり、生理痛がなくなったり、生理中のダルさなども軽くなりました。

「関節の激しい痛みや腫《は》れが軽減しました」（H・Mさん　五九歳　男性）

二〇一八年一二月頃より、両肩が痛くなって腕が上がりにくくなりました。翌年一月には睡眠時に両肩の激痛で一時間おきに目が覚めるようになりました。その後、指関節と両ひざが痛むようになり、肌着の着脱が困難になりました。

四月にアミンを購入して飲み始めたところ、翌日より朝の目覚めがとても良くなり、疲労感が取れました。五月に入るとひざの痛みが軽減、両肩の痛みもだいぶ楽になり、指関節の腫《は》れも引いてきました。アミンを飲まなかったら、今頃大変なことになっていたと思います。本当に天の助けです。

「認知症と診断されていた母が、すっかり元気になりました」（Y・Sさん　六〇歳　女性）

八四歳になる私の母親は、二〇一六年に認知症と診断され、二〇一八年あたりから幻聴・幻覚が日増しにひどくなってきました。二〇一九年四月、アミンを母に飲ませて数週間もすると、あれほどひどかった幻聴と幻覚はいつの間にか消えていました。

六月には、デイサービスのスタッフの方や近所の人たちから、「最近、お母さん、なんだか明るくなってきたねえ」などと声をかけてもらうことが増えてきました。それまでは母に話しかけてもせいぜいうなずく程度だったのですが、次第に会話が成り立つようになりました。それからしばらくして、母は、「〇〇をしたい」と意思表示をするようになり、それまで私が用意した服を黙って着ていたのに、「今日はこっちの服を着る」と言うようになりました。

また、ひどいときは時間や重さの単位を混乱して、「一時間」と言うべきところを「一グラム」と言ったりしていましたが、そんなことも次第になくなり、脳の機能がどんどん蘇《よみがえ》ってきているのがわかりました。先日も、デイサービスに行く母を見送る際に、「お母さん、気をつけて行ってきてね」と声を掛けると、「あんたも、気をつけて！」と言葉を返されたのです。私のことを気遣ってくれるまでになってきた母の変わりように、アミンのすごさを改めて実感しました。

「重度のリウマチが軽度に向かっています」（A・Iさん　七〇歳　女性）

アミンを三カ月飲用したところ、朝の起床が楽になり、痛みが和らいで、症状が軽減してきています。散歩もできるようになり、リウマチが重度から中度になり、さらに軽度に向かっています。

「ガンが縮小し、認知症も改善されています」（Y・Tさん　八九歳　女性）

（娘さんのお話）母は直腸ガンになり、直腸から鼠径部《そけいぶ》にかけてガンが露出し、余命宣告を受けていました。医師の了解の上、アミンを飲用し、露出したガンにアミンを塗ることによりガンが縮小しました。認知症も改善されています。

「補聴器を外せるようになりました」（H・Oさん　七〇歳　女性）

長年、突発性難聴に苦しみ、五年前からは耳に補聴器を付けて生活をしていましたが、アミンを飲用してしばらくすると難聴が起こることがなくなり、補聴器も外せるようになりました。また、髪の毛もしっかりしてくるようになり、便通も良くなりました。

「血糖値が標準値に！」（H・Nさん　七二歳　男性）

高血圧で降圧剤を飲んでいましたが、アミンを飲用してから血圧が下がり始め、今は降圧剤を飲まなくなりました。また、血糖値も標準値に収まるようになりました。顔のたるみもなくなり、張りが出てきました。

「引きこもりから抜け出し、IT企業で働いています」（H・Eさん　四〇歳　男性）

小学校以来、三〇年間引きこもりで、コンビニのアルバイトに週四日行くのがやっとという状態でした。アミンの飲用を開始して二カ月目にIT企業に就職したいという気持ちが湧いてきて、受験してみたら、見事合格することができました。

現在では、一日八時間以上の勤務をこなし、人付き合いもできるようになりました。引きこもりから抜け出して一年近くになりますが、元に戻ることなく、社会人としての生活をしっかりと営んでいます。

「うつ病が改善し、明るくなったと言われます」（K・Nさん　二八歳　女性）

うつ病を発症し、いつも暗くて挨拶もできませんでしたが、アミンを飲むようになって二カ月くらいで、誰もが「明るくなった」と言ってくれるようになりました。挨拶もきちんとできるようになりました。

「統合失調症でしたが、読書ができるようになりました」（K・Kさん　三〇歳　男性）

（お母さんのお話）統合失調症で読書ができない状態でしたが、アミンを飲むようになって約一カ月で読書をする気になり、本を開いて見るようになりました。

「しゃべることもできなかった統合失調症が劇的に変化しました」（S・Mさん　二三歳　男性）

（お父さんのお話）息子は二年ほど前からうつ状態がひどくなってきて、しゃべることもできず目もうつろで、夜も眠れず夜中に外を徘徊《はいかい》していました。精神科で診てもらったところ、統合失調症との診断でした。MRTで仙骨良法を毎日受け始めると同時にアミンも摂っていたところ、早速変化が出てきて夜もぐっすり眠れるようになり、落ち着きを取り戻し始めました。会話も普通にやり取りできるようになってきたばかりか、最近では冗談も出るようになり、やる気も出てきて、陽気で元気だった頃の自分自身を取り戻しつつあります。二カ月余りで劇的に変化が見られました。

引きこもり、うつ病、統合失調症、認知症が改善された例を紹介しましたが、これらの症状について村田氏は、脳のニューロン（神経細胞）の軸索《じくさく》（ニューロンの突起部分）を覆っている皮膜が何らかの理由で溶けて、軸索がむき出しになることが原因であり、アミンを摂ると、その皮膜が修復されるために症状が改善される、という独自の理論を立てていま

脳の神経細胞図

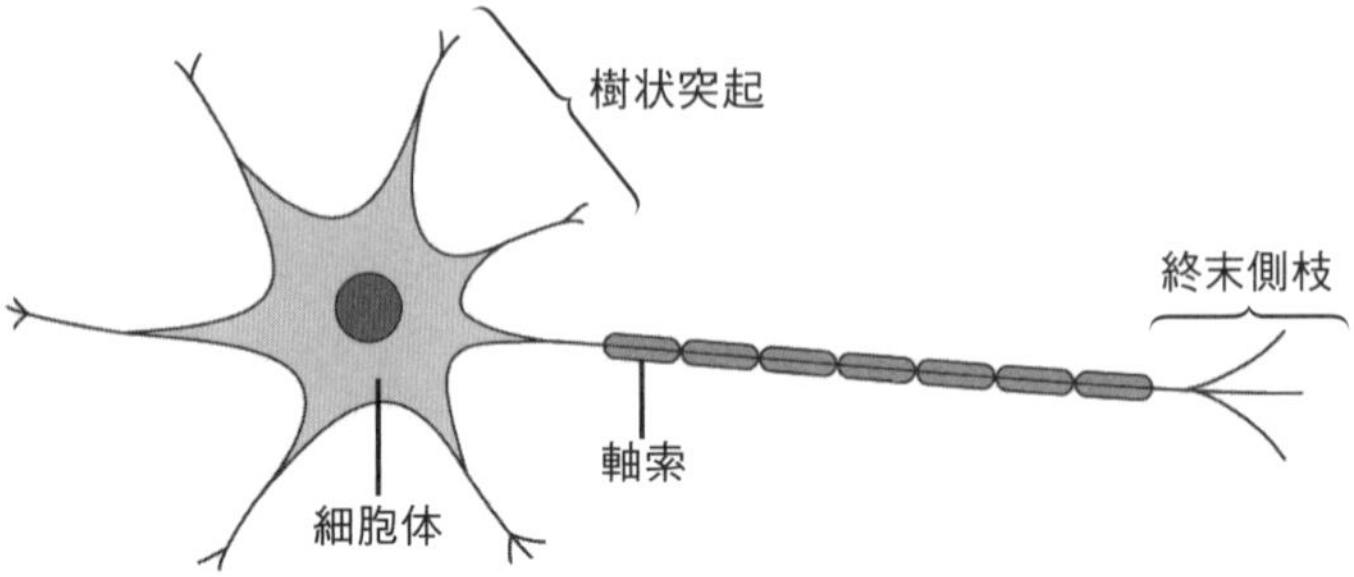

す。

わかりやすく言うと、統合失調症や認知症などは、電線コードのビニール被覆《ひふく》が溶けて中身の銅線がむき出しになり、他の銅線と接触してショートを起こしている状態ということになります。これは電気火災が起きるほど危険な状態ですが、むき出しになっている電線コードをビニールで覆うと、元の状態に戻るわけです。

村田氏の理論は医学的に解明されているわけではありませんが、アミンを摂ることで脳と関係するこれらの病気や症状が改善されている事実が重要です。「論より証拠」とはこのことです。アミンは人体に無害なのですから、これらの症状に対してアミンを試してみる価値は大いにあるのです。

現在もアミンの体験談が毎日のように私のところに集まってくるのですが、なかには何も感じなかったという人もいます。

しかし、自覚症状がなくても、体の中に入ったアミンは人間の活動を支えるエネルギーの生産を向上させますから、「よく考えてみたらあまり疲れなくなったなあ」などと気づくところがあるものです。ご主人が何も変化がないと話している隣で、奥様がご主人の変化について話をすることがあり、良くなる変化には気づきにくいということがあるようです。

本当は何か感じているはずなのに、それに気づかなくなっているという人が増えています。頭脳回路ばかりを使って頭でっかちになり、生まれながら持っている「感じる」という大切な機能が錆《さ》びてしまっているのです。

私が仙骨良法を勧めるのは、仙骨の波動が高まると、生まれたての赤ちゃんも使っている中真感覚の回路が開き、「感じる」という機能がよく働くようになるからです。

◎過去にさかのぼって修正するのが「逆行《ぎゃっこう》」だ！

アミンの体験談の中には、次の例のように、一見すると、悪くなったように見える例もあります。

「ひどい下痢になった」「咳《せき》が止まらない」「痰《たん》が出る」「鼻水が出る」「体臭が臭くなった」「むくんだ」「体の節々が痛くなり発熱した」「アトピーの症状が再発した」「三〇年前の痔《じ》が再発した」「目ヤニがたくさん出た」


私自身、アミンを飲み始めてから数日間、痰や鼻水がよく出ました。目ヤニもよく出て、ひどいときは朝起きたときに目ヤニで目が開けられなかったこともあります。

しかし、私は一切気にしませんでした。というのは、これらの症状はずっと続くわけではなく、自分の中に溜《た》まっていたものをアミンによって外に出す智空《ちから》が生まれて出ている状態であり、一過性のものだと識っていたからです。そして、実際に、目ヤニや鼻水もすぐに出なくなったのです。

このように、体が改善されていく途中で一時的に悪くなったように見える状態になることがあります。一般にはこれを「好転反応」とか「めんけん反応」などと言いますが、MRT《マート》では「逆行」と言っています。

たとえば、ＭＲＴ以外の一般の民間治療では、強い刺激を加えた結果、痛みや腫れ、下痢や発熱などが出ることがあります。強い刺激を与えれば、痛みや腫れが出てもおかしくありませんが、これを体が改善されていく兆候だとして、「好転反応」などという言葉でごまかしていることが多いのです。

私が言う「逆行」が、好転反応やめんけん反応などと全く違うのは、ＭＲＴの仙骨良法が、「仙骨一カ所・瞬間・無痛」という、ほとんど体に刺激を与えない治良法だからです。

仙骨に直接触れることなく、わずか一秒で終わってしまう治良法ですから、何もしていないのとほとんど変わらないのです。

それでも、仙骨良法を続けて受けていくと、発熱や痛みが出たり、過去の症状が再発したり、あるいは精神的にイライラする……といった変化が起きます。

これらの現象は、過去にちゃんと解決していなかった問題を解くために顕れるのです。

病気にかかったり、大きなケガをしたり、あるいは精神的なストレスを抱えたりすることがありますが、たいがいは、そのときは苦痛を感じても、症状がなくなればすぐに病気やケガのことは忘れてしまいます。

このときに、病気やケガの本当の要因をきちんと解明し、理解して、自分の中で解消し

逆行のイメージ

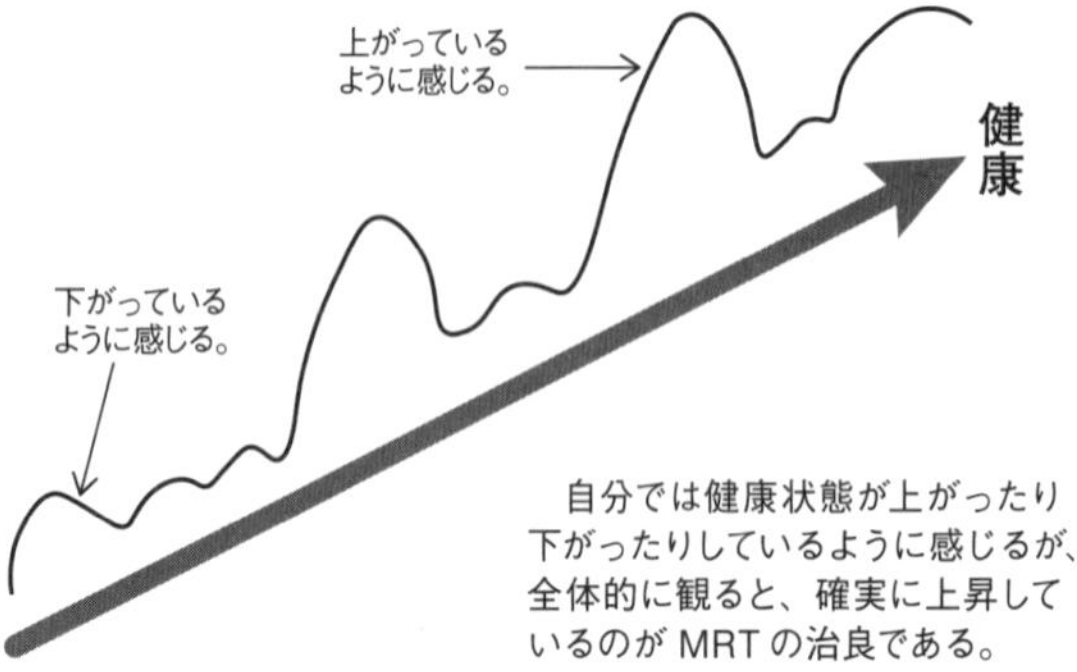

自分では健康状態が上がったり下がったりしているように感じるが、全体的に観ると、確実に上昇しているのがMRTの治良である。

下がっているように感じるときが「逆行」で、過去の修復されなかった箇所を修復しつつ健康へと向かうのである。

ていればよいのですが、ほとんどの人は要因が解消されないまま、それが仙骨の変位（ズレ）として記憶されているのです。

MRTの仙骨良法を受けて仙骨が調整されてくると、過去の要因が浮かび上がってきて、それを修復させるために、眠くなったり、過去の症状が出るなど「逆行」という現象が始まるのです。

逆行が顕れたということは、「過去の要因に目を向けなさい」という体からのメッセージです。ですから、症状にとらわれずに、なぜそうなったかということを過去にさかのぼって理解することが大切なのです。

また、逆行は、逆行に耐えられる状態になったときに顕れるものですから、安心して向き合ったらよいのです。アミンを摂取することで心身が元気になるため、「逆行しては修復する」というサイクルが頻繁に顕れてきます。

◎村田氏の体験談と末期ガンを宣告された人

今度は、村田氏の体験をご紹介しましょう。

村田氏は長年、食品の衛生管理の仕事をされてきました。その経験から、生ものを腐らせないアミノ基をアミノ酸から抽出することに取り組まれ、約一〇年前に成功するに至ったわけですが、ご自身の体でもアミンの智空《ちから》を体感されています。

◆村田氏の体験談

アミノ基はアミノ酸の構成パーツの一つで、人体に必須の分子であり、動植物の細胞には無数のアミノ基が含まれています。私はこのアミノ基をイオン化させ、それが人体に有効であることを実証するために、以前から患っていた潰瘍《かいよう》性大腸炎にどんな変化があるか、摂取を始めました。

その結果、頻繁に現れていた大腸炎が発症するインターバルが徐々に長くなり、症状も改善され、確かな手ごたえを感じました。

そんなとき、友人の知り合いが末期のガンで余命三カ月と医師に宣告されたのです。そこで、アミンを摂って変化した潰瘍性大腸炎のことを話したところ、ぜひ飲ませてもらいたいということで飲用を始めました。

すると、さっそく効果が出て、三カ月後には退院し、さらにその三カ月後には会社に復帰して、ゴルフを九ホールラウンドできるまでに回復したのです。

ガンだけでなく、いろいろな疾病の方が試飲し始め、効果が至るところで出始めています。研究者が本格的にアミノ基（アミン）を研究すれば、人類の多くの課題が解決される端緒になると信じています。

横綱級の助っ人として人類の前についに顕れたアミンが、ガンは現代医学では治らないという現実を大きく変えようとしているのです。

◎《体験談》——乳ガンから「アミン」で解放された！

実際にアミンを飲んでガンを克服しつつある方がいらっしゃるので、ご本人（K・Hさん、四三歳、女性）に体験談を書いていただきました。

＊　＊　＊

二〇一八年一二月一二日、疲れ果てた体を引きずりながら久しぶりにMRTを訪れました。

治良に入る前に、MIS《エムアイエス》測定（体に微弱な電流を流して全身を測定する最先端の技術。次項で詳しく解説します）をしたところ、体の至るところに深刻な機能低下が見られ、エネルギーを作るミトコンドリア活性の数値も非常に低く、さらには「乳ガンの可能性あり」との表示が出ていました。胸のしこりは以前から気になっており、しかし誰にも言っておらず、それをMISの結果が指摘していることに大きな戸惑いを覚えました。

二〇一九年二月二五日、意を決して乳腺外科のある設備の整った病院で、マンモグラフィ、CT、そして組織診断検査を受けました。

それから約一週間後に検診結果を聞きに病院へ行きました。診察室に入ると、医師は一切私の顔を見ることなく、「乳ガンの第三ステージです。若いから転移も早い。すぐに抗ガン剤を投与してガンが小さくなってから手術をしたほうがよいです。何か質問はありますか?」と言いました。

こんな重大なことを私の顔を見ずに、目の前のパソコンを見ながら話す医師に不信感を抱きましたが、ガンの宣告に動揺し、そんな医師にも救いを求めて「手術をすれば本当に治るのでしょうか?」と質問すると、医師はパソコンを見たまま、「やってみないとわかりません」と一言。その返答にこの医師に私の命を預けられないと感じました。

病院で乳ガンの宣告を受けた三日後、MRTで再びMIS測定をしたところ、前回の測定結果をさらに下回る全身の機能低下が見られました。

組織診断検査によって、細胞の一部を取り出したことで、体に大きな負担を掛け、それが体全体に大きな機能低下をもたらしたことがMISによってわかりました。

自宅に帰り、今後、病院に行って医者の言うように抗ガン剤治療を受けるのか、自分の仙骨の智空《ちから》を信じてMRTの仙骨良法のみにするのか、家族会議となりました。

弟が一言、「思い出してみてよ。ガンになって病院に行った親戚のあの人も近所のあの人も、誰も元気になって家に帰ってきていないよ。みんな病院で死んでしまったよ……」

私の中の迷いが消え、仙骨良法だけでやっていこうと決めました。また、私だけでなく家族全員で仙骨良法を受け始めました。仙骨の波動が整うからか、家の中はいつも明るくて、ガン患者がいる重い雰囲気はありません。

ＭＲＴでは、自分を治すのは自分自身であり、外（医者など）を探し求める必要はないことを教えてもらっていましたが、このように命が懸かって、また、顔を見ないで乳ガンだと伝える医者に会ったことで、自分を治すのは自分なのだという自覚が芽生えてきました。それから、ＭＲＴで定期的に治良を受けるとともに、まずは食事のことや睡眠のことなど、生活習慣を大きく見直し改善しました。

さっそく朝の目覚めが良くなり、あれほどまでに重いと感じていた体は軽くなり、うつ状態に陥ってしまっていた気持ちのもやもも晴れて、心身ともに変わりつつあることを実感できるようになりました。

また、それまで三五度台だった体温が三六度を上回るようになっていました。体温が上がったということは、自己免疫力が大いに高まってきている証《あかし》なので、この先に希望が持てるようになりました。

それから間もなくしてＭＲＴの水素発生器を購入して毎日水素を摂取し始めました。

体温はさらに上がり、三六・五度から三六・七度を毎日維持できるようになりました。

さらに大きく私の体が変化し始めたのは、四月二九日にアミンを飲み始めてからです。

アミンを飲み始めて間もなく、痰や目ヤニ、そして黒い便が出るようになりました。体の中にこれほどの毒素がたまっていたのかと驚きました。

六月に入ると、左胸の患部が熱くなったり痛みが出てきたりするようになりました。夜中にその痛みで目が覚めてしまうこともありましたが、痛みは治っていく過程で出るものといつもＭＲＴで聞いていましたので、不安はありませんでした。

七月に入った頃からさらに平熱が上がり始め、毎日、三六・七度から三六・九度を維持できるようになりました。目ヤニや痰は出るものの、便の色が黒色から健康的な色に変わってきていました。

さらに八月に入って間もなく、三九度前後の高熱が二日間続き、その間、左の股関節から左足の太ももにかけて、歩けないほどの強烈な痛みが私を襲いました。小学校の頃、過度な水泳やバスケットボールなどが原因で疲労骨折をした経験があったのですが、そのときの傷がまだ完全には癒《いや》されていなかったがゆえの逆行でした。

それからしばらくして、大きく石のように硬くなっていた左胸の患部がほんのわずかながら柔らかくなり、見た目にもほんの少し小さくなってきていることに気がつきました。

八月も終わりに近づいた頃には、三八・五度から三九・三度の高熱が二日間続きました。その間、背中（胸椎《きょうつい》から腰椎にかけての両脇）の痛みと、言いようのないだるさで仰向けになって眠れない日がありましたが、その翌朝には症状（痛み）はすっかり消えてしまい、細胞次元で大きな治しが入っていることを感じました。

九月に入ると、夜は決まって体温が三七度を超える日々が続く中、患部がさらに柔らかく小さくなってきました。

そして九月も終わりに近づいてきた頃、今度は一週間もの間、三八・五度から三九・四度の高熱が続きました。

これほどまでに長時間にわたり高熱が続くのは初めてのことで、乳ガンになってから医者の講演で聞いた、肺結核の患者はずっと微熱があるのでガンにならないという話を思い出し、高熱を出せるようになった自分の体にガンが棲《す》めなくなってきていることを実感しました。

一〇月五日、三カ月ぶりにMIS測定をしました。そこに映し出された画像は、これまでとは全く別人のように、大きく体の機能を取り戻していました。ミトコンドリア活性の数値も上がり、さらにはなんと、「乳ガンの可能性あり」の表示も消えていたのです。

繰り返し三九度前後の高熱が出るたびに、私の体は大きく変化しています。

もしも病院に行って医者が言う通り抗ガン剤治療や手術をしていたら、決して今のように体温が上がることはなく、また、ガンを抱えた苦しみから逃れることもできなかったでしょう。

信頼できない医者に頼らずに、自分の本心に従って仙骨良法を選んだことによって、自分を中真に生きることの大切さに気づかせていただきました。

＊　＊　＊

体験談の中に、仙骨の治良の後に体温が上がったことが書かれていますが、ガン細胞は熱に弱いので、体自身が体温を上げて調整しているということです。

◎MIS《エムアイエス》で体をスキャンして健康状態を識る

K・Hさんの体験談の中に出てきたように、MRTでは、体の状態を観るために、MISというシステムを採用しています。

これは、体に微弱な電流を通して全身を測定する超最先端の技術で、もともとは一九七〇年代にソビエト連邦（現ロシア）宇宙局が宇宙飛行士の健康管理を目的として研究を進めたのが始まりです。

宇宙飛行士が宇宙に長期間滞在すると、無重力の影響で骨量の減少や筋肉量の低下など様々な生理学的変化が顕れ、健康管理の面で問題が生じました。

その対策の一つとして開発されたのが、体に微弱な電流を通し、そのインピーダンス（交流回路での電圧と電流の比）を測定して体の状態をチェックする「生体電流インピーダンス測定機」です。

MRTでは、この超最先端の測定器を二〇一七年から導入し、体の状態を3Dモデリング画像と数値によって客観的に比較することで、仙骨良法を受ける方々の健康管理に役立ていただいているのです。

測定方法は非常に簡単です。

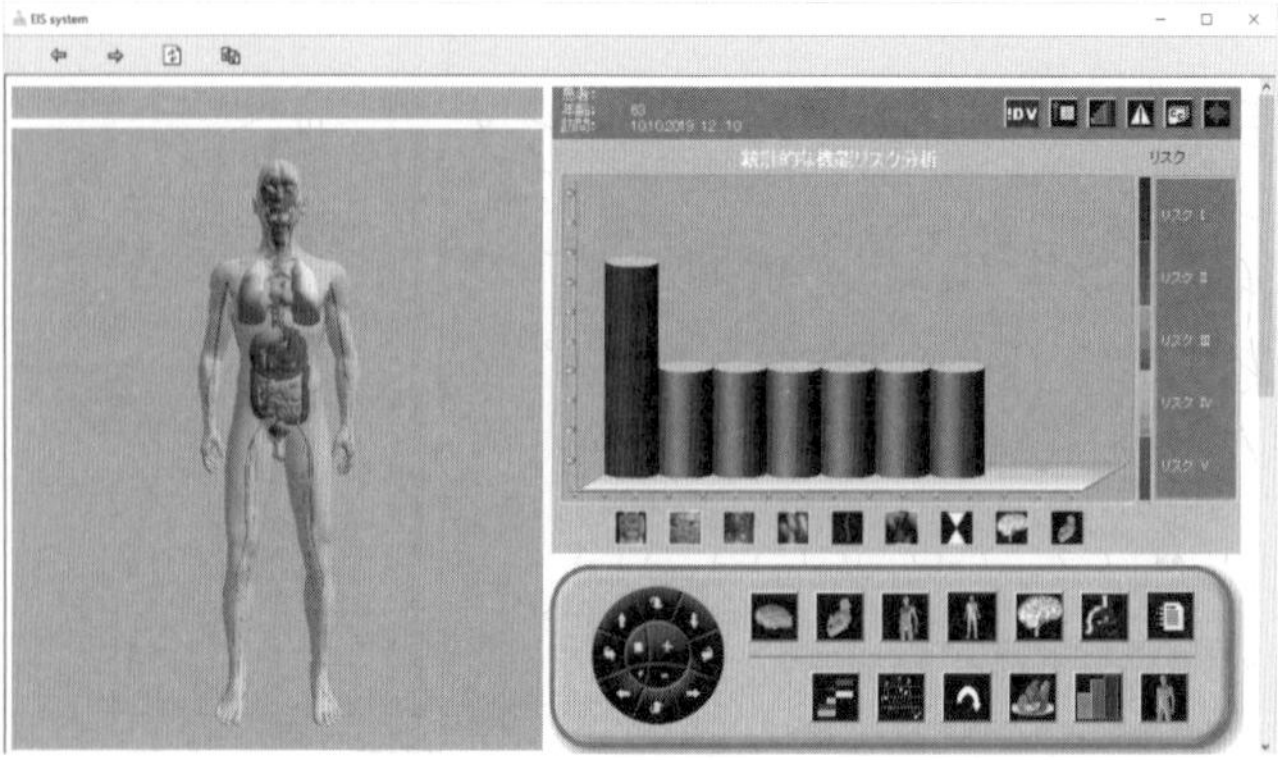

MIS で体の状態が３Ｄ画像と数値で表示される。実際の画像はフルカラー。

両手両足と額の左右の六カ所に電極を付け、一・二八ボルトの電流を三分間流すだけです。放射線を浴びることもないので被ばくの心配もありません。

「たった三分間で何がわかるのか？」と疑問を抱く人もいるでしょう。

しかし、そのわずか三分間で、しかも採血や検尿なしで、各臓器や体内の物質の状態を数値やグラフで表示できるのです（皮膚機能障害、心臓ペースメーカーを入れている方、妊娠六カ月以上の方、手足を欠損されている方など、一部の方は測定ができないことがあります）。

具体的には、脳や肺、気管支、心臓、甲状腺、食道、胃、小腸、大腸、十二指腸、盲腸、S字結腸、

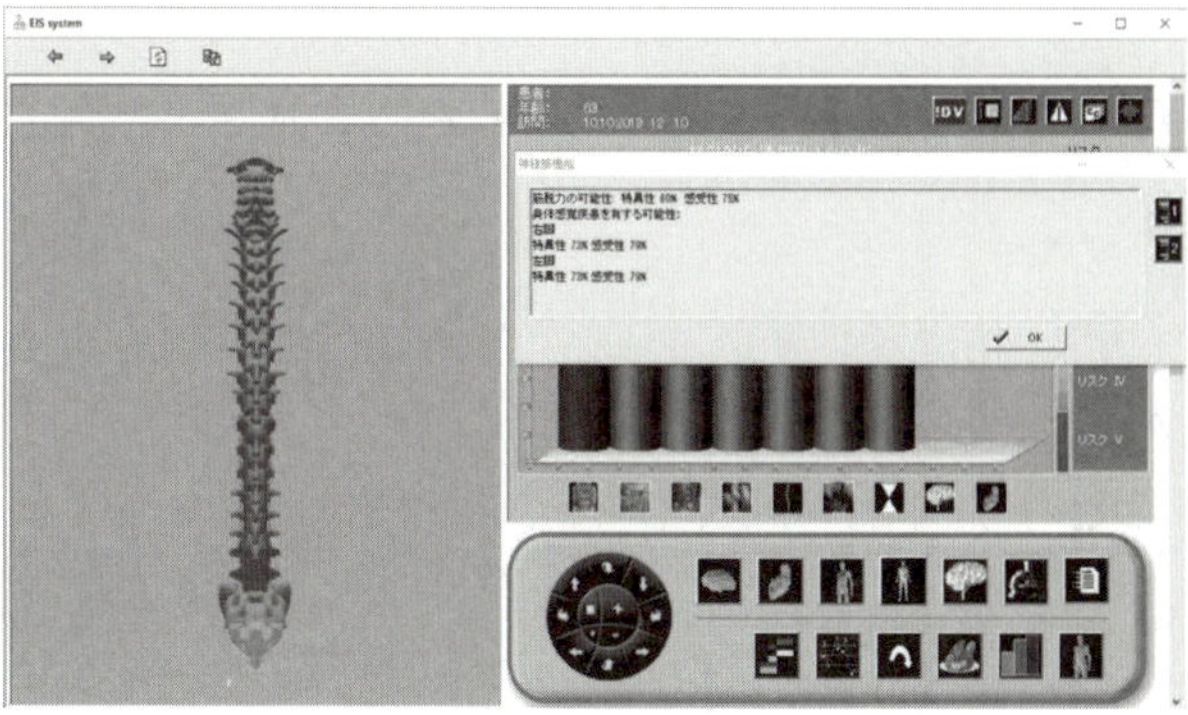

MIS で仙骨の状態や、通常の病院の検査ではわからない体の中の詳しい情報がわかる。

横行結腸、直腸、腎臓、肝臓、すい臓、脾臓《ひぞう》、泌尿器、自律神経、動脈、静脈、リンパ、骨の状態、関節、脊椎《せきつい》、組織内のイオン・ホルモンの状態などが、わずか三分間でわかるということです（この測定は医療行為ではありません。また、測定結果は特定疾病の確定診断を行なうものではありません）。

もっと詳しく言えば、ドーパミンやセロトニンといった脳内神経伝達物質の増減から、抑うつ、興奮、ストレスなどの状態を色と数値で示したり、あるいは、前立腺、子宮周辺部、乳腺など男女特有の部位の状態を色と数値で示したり、体のどの部分でミトコンドリアが活発に働いているかといった、通常の病院の検査ではほとんど得ることのできない、自分の体の中の詳しい情報を知ることができるのです。

これによって、最先端技術が示す信頼できるデータを参考にして、自分の食生活や生活パターンの改善に役立てて、健康増進を図ることができるわけです。

◎MRTだからこそ、MISで確認できる治良の効果

民間治療の多くは、治療による体の変化を客観的に識《し》ることのできる科学的方法を持ち合わせていません。

その点、MRTでは、仙骨良法によってどのような変化が顕れたのかということを、MISという最先端機器による測定データによって明らかにしているのです。

「仙骨一カ所・瞬間・無痛」の仙骨良法は、ほとんど何もしない治良ですが、確実に心身に働きかけていることが、MISの検査データに数値としてはっきりと顕れるのです。

MISの専門家は、仙骨を九ミリ落下させるぐらいで数値に変化が顕れることは絶対にないと言っていました。一時間ぐらい運動しても表面的な変化（肺が活性して機能亢進になるなど）は出ても根本的な体の状態（もともと持っている疾患）に変化は顕れないので、腰の部分をわずか九ミリ落下させるだけでは、もっと顕れるはずがないと言うのです。

しかし、実際に仙骨の治良後にMISを測定したところ、大きく体の状態が変化し、滞

っていた頸動脈《けいどうみゃく》の流れが瞬時に動き出すなど、容易に変わるはずのない数値が変化したことに、「これまでの常識では考えられない……」と大変驚いていました。

椅子に勢いよくドシンと座ることがありますが、仙骨良法で腰の部分を九ミリ落下させることは、それよりもずっと小さな衝撃です（「衝撃」という表現が大げさなほどです）。それにもかかわらず、大きな変化が数値として顕れるということは、仙骨が見えないところで大きな働きをしているということです。

鉄や銅やマグネシウムといった微量元素が人間の健康状態に大きく影響を与えていることはよく知られています。鉄や銅が不足すると貧血になりますが、不足したほんのわずかな量を補えば、改善されます。目に見えない微量元素が大きな働きをしているということです。これと同じように、仙骨も人間の目に見えないところでほんのわずかな動きをしながら、大きな大きな働きをしているのです。

客観的にご自身の状態を知っていただくためのツールとして、私はＭＩＳを導入することに決め、現在、全国のＭＲＴオフィスでＭＲＴに通われる方の健康管理に役立てていただいています。

ＭＩＳは、人間の健康状態を細部にわたってわずか三分間で観ることのできる非常に優れた機器ですので、一般の病院はもとより、鍼《はり》や整体やカイロプラクティックのような民間治療の現場でも広く利用されてもよいはずですが、ＭＩＳの専門家いわく、「病院でも民間治療でも治療後に各数値が悪化することが多いため、患者さんに見せられないのです」とのことで、あまり広まらないのだそうです。

つまり、一般の治療はほとんどが過剰刺激、オーバー治療なので、その場では良くなったように感じても、一週間後には前よりも悪化したりするのです。ですから、ＭＩＳの数値が悪くなるのも病気が治らないのも当然というわけです。人間の体は弱い刺激には抵抗しませんが、強い刺激に対しては拒絶反応を示します。

仙骨良法は体に一切触れることなく、ＭＲＴテーブルがわずか九ミリ落下することで仙骨が動きたい方向に動くため、治良の効果が如実に顕れます。ＭＩＳでその治良の効果を可視化できるようになったので、ＭＲＴに通われる方から、「自分が感じる体の変化を目で見て確認することができて、より安心できるようになった」「家族にＭＩＳの結果を見せて体の状態を知ってもらえて家族が協力的になった」などの声が現場から多く届いています。

◎現代医学と一線を画す村田氏のガン理論

現代医学では、一日に五〇〇〇個もガン細胞が体の中に生まれているといわれています。そして、「ガン細胞は生命をおびやかす悪者であり、殺してしまわなければならない」という考えのもとに、「手術療法」「薬物療法」「放射線療法」という三大療法を使って、ガンを死滅させることに専念しています。

ガンを殺すことが目的ですから、ガンで入院すると、ガン細胞が好むとされている糖質を制限した食事が提供されるわけですが、たいがいの入院食は、ガン細胞だけでなく患者さん本人も元気が出なくなるような、栄養を制限したものになっています。

したがって、入院生活を続けていくと、患者さんの体力が落ち、痩《や》せて、結局はガン細胞と本人のどちらが先に降参するのか、という状況になることが多いのです。

近年のガン研究では、ガン細胞の中に親玉的な存在がいることが指摘されています。それが「ガン幹細胞」です。

抗ガン剤によってガン組織がすべて死滅したように見えても、ガン幹細胞は残存して再び増殖を開始し、ガンの再発・転移が起こるといわれているのです。

現代医学はガン幹細胞を死滅させることに主眼を置いていますが、村田氏の考え方は、それとは一線を画しています。

つまり、ガン幹細胞を死滅させることよりも、ガン幹細胞の攻撃に負けないように正常な細胞を元気にすることを第一とするのです。

村田氏は、ガン幹細胞は口から入った栄養分を摂取して増殖するのではなく、死んだ細胞から栄養分を吸い取って増殖すると考えています。ここが現代医学と大きく異なる点です。

食事で摂取したものが、そのままガン幹細胞のエサになるわけではないので、ガンと宣告されても食事制限をする必要は一切ないのです。

ガン幹細胞は、正常細胞の酸素の供給を断って、一つの細胞の中に三〇〇〜四〇〇個もいるといわれるミトコンドリアを窒息死させるのです。

すでに述べたように、ミトコンドリアは人間の生命活動に欠かすことのできないATPといわれるエネルギーを作る働きをしています。ミトコンドリアが死ぬと、エネルギー産生ができなくなり、細胞も元気がなくなって、最終的には死んでしまいます。

ガン幹細胞は死んだ細胞から養分を取ると村田氏は考えています。そして、細胞内にある酸素を嫌うため、酸素が抜けて食べ頃になってから、死んだ細胞の栄養を吸い取って増殖していくというのです。

すべての正常細胞がガン幹細胞の攻撃に負けてしまうわけではありません。ひ弱な細胞が、ガン幹細胞の攻撃を受けてダメージを受け、やがて死んで、ガン幹細胞のエサになってしまうのです。

元気な細胞は、ガン幹細胞のエサにはなりません。ですから、ガン幹細胞の攻撃を受けても、その細胞が死なずにいればよいのです。

そこでアミンの登場です。

アミンは、ミトコンドリアの中でたくさんの水素イオンを作り、その水素イオンをＡＴＰ合成酵素がどんどんエネルギーに変えていきます。

アミンによって、正常細胞が元気になるだけでなく、弱っている細胞ももちろん元気になっていきますから、ガン幹細胞の攻撃にも耐えられるようになります。

また、仮説ですが、まだアミノ酸脱炭酸反応（アミノ酸から二酸化炭素が抜け落ちる反応）を起こしていない細胞にアミンが入ると、生きている細胞と同じように、カルボキシル基とアミノ基の間で水素イオンを活発に交換し始めます。これが、「仮生状態」ということです。

普通は、細胞が死ぬとタンパク質が分解されていくのですが、アミンが入ると強制的に水素イオンを交換させ始め、心臓の活動とは関係なく、細胞が生きた状態のように保持できるのです。

先ほど、ガン幹細胞が、死んだ細胞の養分を食べるときに、細胞内にある酸素が抜けるまで待つという話をしましたが、仮生状態になると、アミノ酸脱炭酸反応を起こせず、酸素が抜けなくなり、細胞死になれない状態になると考えられます。ガン幹細胞は酸素が嫌いなので、仮生状態の細胞を食べることができません。

結局、ガン幹細胞は、正常細胞を攻撃しても、あるいは正常細胞を殺しても、アミンが入ってくると、酸素があるため食べることができなくなり、自ら散るようにして消えていくのです。

人間の体には、その人間に悪さをしようとする細胞はただの一つもありません。ガン細胞も役割（意味）があって顕れるのですから、手術や放射線治療や抗ガン剤治療などで強制的に排除してはならないのです。

現代医学はガンを殺すことを目的としているのに対して、村田氏は、普通の細胞をガン幹細胞の攻撃に負けないようにすることを主眼としています。それによってガンが棲めない環境になり、ガンが自ら消えていくというわけです。

人間世界でも、たとえば不良の人が一般人に暴力をふるってお金を巻き上げるといった事件がありますが、一般人がみんな不良に動じなければ、「この町では商売にならない」と言って不良は退散するはずです。

つまり、現代医学は不良を撲滅《ぼくめつ》することばかり考えていますが、一人の不良をやっつけても、次から次へと不良が生まれてくるので、いつまで経っても被害を受ける人が出てくるのです。これでは焼け石に水です。

一方、一般の人が不良に動じなくなれば、誰も被害に遭わなくなり、不良も生まれにくい町になります。

村田氏はガン幹細胞を攻撃することよりも、ガンの攻撃に負けないように細胞を元気づけ、ガンに適さない体内環境を作ることを主眼としています。

ＭＲＴにおいても、「病気は悪者ではなく、自分に何かを気づかせるために顕れるものである」という理解のもとに治良をしています。ですから、ＭＲＴの治良は病気を相手にしないのです。

その点で、ガンと直接戦わない村田氏の考え方はＭＲＴに通じるものがあるのです。それで私も皆さんにアミンを摂り入れていただいて、丈夫な体作りに役立てていただきたいと考えているのです。

アミンは体の法則に逆らわない、自然の摂理にのっとった働きをしてくれる心強い味方と言えます。

ガンの治癒にとどまらず、人類の前に初めて登場したアミンの可能性は未知のものと言えるほどに広く深いものがあります。

「酵素」「水素」に次いで私が仙骨良法の最後の促進要素として「アミン」を選んだことがいかに大きな意味を持つかは、今後、ＭＲＴの治良体系で病気を克服した人たちの実体験によって明らかになっていくことでしょう。

◎病気も健康も「絶対・完璧・完全」なる法則の顕れである

現代医学は、ガンの弱点を探し続け、ガンを撲滅することに躍起になってきましたが、一世紀以上もの時間をかけてもいまだにガンを克服できないということは、明らかにこれまでの医学の考え方が間違っていたことを自ら証明しているようなものです。しかも、これはガンだけにとどまらず、すべての病気について言えることなのです。

つまり、現代医学は病気というものの真の意味を識らず、また、人間と生命の真実を識らずに、ただ目の前の症状を消すことばかり考えてきたのです。

本来、私たちは、生命（「霊」という言葉に言い換えることもできます）が人間という形をとっている存在です。人間の体の中に生命が入り込んで、肉体人間を動かしているということなのです。

生命は大宇宙の絶対法則とともに存在しています。ですから、生命を本体とする人間も絶対法則とともに在《あ》るべきなのですが、肉体という次元の低い粗雑な物質の中に入ってしまっているので、肉体に付随する脳は、「自分の本体は生命であり、その中真が仙骨に宿っている」という真実に気づかず、法則からズレた生き方をしてしまうのです。

その法則とのズレが仙骨の変位（ズレ）となり、それが肉体に何らかの症状となって顕れてくるのです。それが病気です。ですから、人間が病気と言っているものは根本的にすべてが法則の顕れであるということです。

また、病気が法則の顕れであるのと同じように、健康も法則の顕れです。法則が働いて健康になり、法則が働いて病気になるのですから、健康も病気も法則の顕れということなのです。

そして重要なことは、法則というものは、「絶対・完璧・完全」なる存在であるということです。ですから、その絶対法則を顕す人間自身も、病気を含めて完璧な存在なのです。

ちなみに、「絶対（ぜったい）・完璧（かんぺき）・完全（かんぜん）」のそれぞれの最後の文字をつなげると、「い・き・ん」となります。これは「生きん（生きていくのだ）」という人間本来の在り方を示しているのです。

◎病気は必要があって顕れている

では、なぜ絶対法則は人間に病気を与えているのでしょうか。

それは、病気というものが人間にとって必要なものだからです。人間に入っている生命が、病気というものを通してその人間に法則を理解させようとしているからなのです。

現実的に観ても、人間は病気を通して多くのことをまなびます。健康な人よりも、病気を患っている人のほうがまなぶことが非常に多いものです。

生まれてから一度も病気になったことのない超健康体の人がいるとしたら、その人は病気を抱えている人の苦しみや痛みを理解することができないでしょう。

本人は超健康体ですから、肉体を持っていることの不自由さにも気づくことなく、自分が肉体を持って生まれてきた真の意味を識ろうともしないでしょう。要するに、一つの魂として非常にまなびの少ない人生を送ってしまうことにつながるのです。

逆に、病気が生じるということは、その人がまなぶための重要な機会を得たことになります。

なぜなら、「自分はどうして病気になったのか？」「自分はどうして苦しまなければならないのか？」「自分は病気を抱えたまま死んでしまうのだろうか？」「自分は死ぬとどうなるのか？」と、自分自身の中真に目を向け、自分の本質に意識が向かっていくようになるからです。

ある人は、「ああ、自分はこのことを識るために病気になったのだ」「病気にならなければ、自分が生かされていたことさえもわからなかった」などと気づくことが多くなるでしょう。その気づきを促すために、絶対なる法則が自分の体を通して病気を顕すのです。

ＭＲＴではその真理を十分に理解しているので、病気そのものを敵視したり、相手にしたりせずに、仙骨のみに働きかけます。それは、絶対法則と一体となっている仙骨が健康と病気のカギを握っていることを理解しているからです。そして、法則に従った仙骨良法によって仙骨が自分自身にとって最も良い位置に収まったとき、体は病気を必要としない状態に向かっていくのです。

ちょうど、この章を終えるときにニュースが入ってきたので、一言付け加えておきましょう。

そのニュースの内容は、アフリカのコンゴではしかの感染による死者が今年に入ってから一一カ月で五〇〇〇人を超え、その九割以上が五歳未満の子どもだというものです。

こういうニュースを聞くと、はしかのウイルスが悪者に見えますが、このような感染症が広がるのは、薬でウイルスを殺そうとする人間側に問題があることに気づかなくてはなりません。

ウイルスや細菌に触れることで人間の免疫力は高まっていきます。つまり、ウイルスや細菌は人間を鍛えるために存在しているのです。

それを、「ウイルスや細菌は人間にとって害であり、消さなければならない」と言って強い薬で抑え込もうとすると、ウイルスや細菌も耐性を備えてどんどん強くなっていくのです。その過《あやま》てる理解の繰り返しによって、薬の効かない超強力なウイルスや細菌が新たに生まれてくるわけです。

今回のコンゴのはしかの例も、人間の無智が生み出した人災と言わざるを得ないことに気づかなければなりません。「絶対・完璧・完全」なる法則を識ろうとしないがために、人間は自分で自分の首を絞めるようなことをしていると言えるのです。

おわりに

今から約四〇年前、私が兵庫県の姫路市内でMRT《マート》を立ち上げたばかりの頃、保健所から調査員が来ました。

「MRTの治良は医師法に違反している」と通報があったというのです。私が仙骨良法を始めてすぐに、「MRTの治良は非常に効果がある」と、評判が評判を呼んで流行《はや》っていたので、通報の内容の真偽を確かめるために保健所が動いたのです。

MRTの仙骨良法は、私が考案した自然原理に即したMRTテーブル（足を屈曲して仰向けに寝るベッド）を使って、仙骨や体に一切触れることなく瞬間で終わってしまうので、医師法に違反するはずがありません。腑《ふ》に落ちなかったので、どこの誰から通報があったのかと聞くと、調査員は「それが不思議なんですよ。兵庫県内ではなく神奈川県から通報があったのです」と答えました。

その頃はすでに東京で何度もMRTのセミナーを開催していたので、神奈川県から参加した誰かが何かの理由でMRTの評判を落とそうと画策したのかもしれません。

いずれにしても、私には後ろめたいところは微塵《みじん》もなかったので、「仙骨一カ所・瞬間・無痛」の仙骨良法の仕方をその場で実際に見せました。

調査員は、「こんな簡単な治良法で病気が良くなるのか……？」と、何か狐《きつね》につままれたような顔つきをしていました。

そこで私が「MRTの治良について、どのような見解を持ちましたか？」と尋ねると、「神社のお祓《はら》いのようなものですから、信じた人は治るかもしれませんね……？」と、頭をひねりながら言いました。

おそらくその調査員は、MRTはすぐに消えてなくなるだろうと考えたに違いありません。そして、私から仙骨良法の詳しい話を聞くこともなく、表面的なところだけを捉えて、人間を病気にするのも健康にするのも、そのカギを握っているのは仙骨であるということを識ろうともせずに帰っていったのです。

このように、〝本物〟はなかなかわからないものなのです。

私の好きな古代中国の老子が次のような言葉を残しています。

「上士《じょうし》は道を聞いては、勤《つと》めて之《これ》を行《おこな》はんとし、中士《ちゅうし》は道を聞いては、存《ぞん》するがごとく亡《な》きがごとく、下士《かし》は道を聞いては、大いに之《これ》を笑ふ《わらう》。笑《わ》はざれば、以《も》って道と為《な》すに足《た》らず」

これをわかりやすく言うと、次のようになります。

「上級の人間は法則を耳にすれば、その瞬間から法則を我がものとして生きようとする。中級の人間は法則の話を聞いても、わかったようなわからないような態度をとる。下級の人間は、この宇宙のすべてのものには法則が働いているのだと聞くと、とたんに大声を出して笑い飛ばしてしまう。しかし、真理というものは、下級の人間に話して笑われるようなものでなくては本物とは言えないのである」

ですから、私は、法則にのっとったMRTの仙骨良法が笑われたり、信じてもらえないことが、逆にMRTが本物であることの証であると理解していたので、仙骨良法をまじないと同等に見る人に会うと、心の中でニコッと笑ったものなのです。

人間は「絶対・完璧・完全」なる法則の下に生かされています。私たちの人生も、絶対法則が土台に在り、人間の生死を超えて絶対法則は永遠に存在し続けているのです。

現代人のほとんどが絶対法則の存在を認識できないのは、頭脳に意識を置いているからです。頭脳を頭脳たらしめているものが在り、それが中真であり、それが法則と一体となって機能しています。

私の役目は、頭脳にとどまっている現代人の意識を、人間の土台である仙骨まで下ろすことです。さらに言えば、仙骨に収まっている「幽なる霊《たま》」にすべてが在ることに気づいてもらうことなのです。

そのために、天（絶対法則）は私に啓示を与え、古来より〝触れてはいけない〟とされてきた神秘の骨「仙骨」の調整をしてもよいという允可《いんか》（ゆるし）を与えたのです。

つまり、仙骨良法は、病気を治すという手段を通して、多くの方々に「絶対・完璧・完全」なる法則の存在と、仙骨に在る「本来の自分」に気づいていただくために用意されたものだということです。

今、私が確信をもって言えることは、「この本を手にしたあなたは、すでに〝本物〟を手にしているのですよ。もうほかに治療法を探す必要はないのですよ」ということです。仙骨によってあなたは救われの道に入ったのです。

なぜなら、人間の中真である仙骨の波動を高める絶対的な「仙骨良法」を土台とし、その促進要素として「酵素」「水素」に続いて「アミン」が登場したことで、ついに「完全なる治良」が完成したからです。

「完全なる治良」は「完全なる治癒」「満足のゆく治癒」「納得の良法」をもたらします。

それは「奇跡の治癒」という形で、今後多くの方々がご自身の体を通して体験していくことになるでしょう。

混迷を極めるこの時代に天から授けられた人類への希望——それを今、あなたは手にしたのです。

全国 MRT オフィス所在地

名称	〒	住　所	電話番号／ホームページアドレス
※MRT 本　部	790-0003	愛媛県松山市三番町4丁目8-13 MRT ビル4F	089-921-9993 www.MRT-jp.com
MRT 大　宮	330-0854	埼玉県さいたま市大宮区桜木町1-1-18 誠ビル4F	048-642-0012 www.MRT-ohmiya.com
MRT 千　葉	260-0028	千葉県千葉市中央区新町15-11 T・O ビル1F	043-204-6466 www.MRT-chiba.com
MRT 銀　座	104-0061	東京都中央区銀座2-7-18 メルサ Ginza-2　3F	03-5524-2166 www.MRT-ginza.com
MRT 恵比寿	150-0021	東京都渋谷区恵比寿西1-10-6 恵比寿ツインズ1F	03-5456-8133 www.MRT-ebisu.com
MRT 横　浜	231-0062	神奈川県横浜市中区桜木町2-2 港陽ビル1F	045-222-6133 www.MRT-yokohama.com
MRT 浜　松	430-0926	静岡県浜松市中区砂山町325-10 新日本ビル3F	053-452-1155 www.MRT-hamamatsu.com
MRT 京　都	600-8211	京都府京都市下京区七条通烏丸東入ル 真苧屋町207　ネオフィス七条烏丸1F	075-342-0090 www.MRT-kyoto.com
MRT 梅　田	531-0072	大阪府大阪市北区豊崎3-1-22 淀川6番館1F	06-6373-4849 www.MRT-umeda.com
MRT 姫路駅前	670-0927	兵庫県姫路市駅前町232 しらさぎ駅前ビル3F	079-221-7088 www.MRT-himejiekimae.com
MRT 愛　媛	790-0003	愛媛県松山市三番町4丁目8-13 MRT ビル2F	089-921-9996 www.MRT-ehime.com
MRT 博　多	810-0073	福岡県福岡市中央区舞鶴1-2-1 天神陽明ビル4F	092-732-5477 www.MRT-hakata.com
ZERO 水素 LOUNGE GINZA	104-0061	東京都中央区銀座2-7-18 メルサ Ginza-2　3F	03-6264-4224

※ MRT 本部では治良を行っていません。

〔著者略歴〕

内海康満（うつみ・やすみつ）

1950年、兵庫県姫路市に生まれる。13歳の頃より精神世界の道に入り、独自の方法で模索・探究。数々の霊的体験と行を通して、「見えない世界」の実在を自覚するとともに、「証智（完全なる智慧）」に達する。

現代医学が見落としている「仙骨」に生命の根源が存在することを人類史上初めて明らかにし、31歳にして“仙骨のみ”“瞬間”“無痛”という画期的な特徴を持つMRTペインレスメソッドを立ち上げる。現在、全国11カ所のオフィスにてMRTを展開、延べ380万人以上に及ぶ実績がある。

また、10代から打ち込んできた武道によって得た「極意」をもとに、仙骨の巧妙自在な働きと中真感覚を体得する「道術」を創出し、指導を行う。

日本傳上法円天流道術宗家。仙骨良法のMRTペインレスメソッド主宰。

主な著書に『生命波磁気無痛療法』『初級MRT仙骨無痛療法』『中級MRT仙骨無痛療法』（以上、エンタプライズ）、『神秘の骨「仙骨」に無痛ショックを与えると病気は消える』『医者がお手上げの病気は「仙骨」で消せ！』『仙骨の最高機能「中心感覚」を磨け！大物発想が出てくる』『内海康満の中心感覚シミュレーション思考法』『病気も不運も瞬時に消える［仙骨］の超快癒力』『生命を支配する陰陽の法則』（以上、徳間書店）、『万病に効く仙骨無痛調整』（創芸社）、『中心感覚』（サンマーク出版）、『霊止乃道（ひとのみち）』（たま出版）、『霊止乃道　神の御仕組み』（徳間書店）がある。また、『幽界旅行記』（竹内満朋著／エンタプライズ）は、著者が代理発行したものである。

〔酵素・水素・アミンのお問い合わせ先〕
株式会社ゼロ
〒790-0003　愛媛県松山市三番町4丁目8-13 MRTビル4F
TEL 089-921-9997

ガンが消えた！　細胞が甦った！
奇跡の治癒
仙骨良法(MRT)と人類を救う水「アミンウォーター」

第1刷　　2019年12月31日

著　者　　内海康満
発行者　　平野健一
発行所　　株式会社徳間書店
東京都品川区上大崎3-1-1 目黒セントラルスクエア
郵便番号141-8202
電話 編集(03)5403-4344　販売(049)293-5521
振替 00140-0-44392
カバー印刷　真生印刷株式会社
本文印刷　本郷印刷株式会社
製　本　ナショナル製本協同組合

ISBN978-4-19-864972-2